青春文庫

自分のまわりに いいことがいっぱい起こる本

「幸運」は偶然ではありません！

原田真裕美

青春出版社

はじめに――この本を手にとったあなたへ

あなたは自分の魂の声に耳を澄ましていますか？

本当に自分が幸せかどうか、ふと考えることがありますよね。

この世の中には、自分より幸せそうな人々の情報があふれています。テレビや雑誌、友人との会話などを通して常に舞い込んでくる他人の成功や幸せを、自分の幸せと比べても意味がないとわかっていながら、ついついそれを基準に、自分の人生を評価してしまうこともあるでしょう。

基本的に幸せとは、「今を感謝して、喜んで生きられること」です。

それを自分がどれだけ感じられるかによって、幸せの度合が決まります。

日々のささいな出来事にも喜びを感じられること、ご飯が美味しく食べられること、お友達がいて、家族がいて、平和に生きられること、常に自分を向上させていく希望があることなど、今の自分に与えられている環境や物、可能性、それらのすべてに感謝して、毎日ベストを尽くして生きられれば、申し分なく幸せなはずです。

ところが、そんな幸せがあっても、まだ何か満たされない気持ちになることがあります。それは、自分の魂の声が、「何かが違う」と訴えているのです。今ある自分の生活だけでは何か足りない、本当に求めている幸せにたどり着けない、だから何か新しい目標を定めないといけない、とハッキリ自覚しているのです。ここで魂の声に耳を澄まして、「究極の幸せ」に向かって人生の軌道修正をする必要があります。

自分の幸せに見切りをつけて、「ま、私の幸せなんてこんなもんでしょう」と納得してしまったり、漠然とした不幸を感じながらも、「世の中にはもっと不幸な人がたくさんいるんだから」と、とりあえず自分は幸せということにしてしまってはイケマセン。何か納得できない問題が、自分の中に渦巻いているのです。

ただちに自分の魂に「今自分が求めている究極の幸せ」は何か聞いてみてください。魂の幸せのために、やり残していることを追究するときがきているのです。

私のサイキック・リーディングでは、前世の情報であろうことも観えるので、輪廻《りんね》＝リインカネーションを信じています。前世で充分幸せを感じられなかった魂は、過去世で体験した深い苦しみを癒すために、究極の幸せを求めて生まれ変わってくるのだと思います。

この本では**「自分で自分を幸せにする方法」＝「自分の魂の声を聞いて、それに従う方法」＝「自分が愛する人生を自分で創る方法」**について書かせていただきました。**「自分で自分を幸せにする」＝「自分の魂を満たす」**ことです。魂が望む方向に人生をもっていくことが、本当の幸せなのです。自分の魂の声に耳を澄まして、自分の求める幸せが何なのか、それはどこにあるのか、自分の魂に導いてもらうべきだと思います。

これからお話しすることは、けっして新しく開発された方法ではありません が、私たちが充分わかっていながら、なかなか実行できない方法です。「言う のは簡単だけど、なかなか実践できない」=「魂の声は聞こえているけど、な かなか実践できない」ということでもあるのです。そういうことを、この本で 再度認識しながら、あなたの人生をより充実したものにしてもらえたら…と思 います。

自分の望む人生を歩むために、今ある自分の状況を変えたいけれどなかなか 勇気が出ないとき、自分でも答えがわかっているのに思い通りに行動できない とき、自分の夢を追うことを信じて生きてきたにもかかわらず、いつの間にか 本当の自分の気持ちさえもわからなくなってしまったとき、「魂の声」を聞い て、思い通りの人生を生きてください!

もくじ

Chapter 2
「仕事」は、あなたに与えられた人生の使命です

Chapter 3

「恋愛」がうまくいく人は、この「関係」を知っています

もくじ

Chapter 4 「お金」が入ってくる人には、こんな理由があります 193

本文イラスト 戸塚恵子
本文デザイン 浦郷和美
DTP 森の印刷屋

Introduction

「幸せ」は魂の望む方向へ

「究極の幸せ」＝「幸福純度100％」の幸せを手に入れましょう！

私たちは、幸せになるために生きています。より幸せになるために、生まれてきています。そして、「より幸せになる」ことに貪欲《どんよく》な世の中に暮らしています。なぜって、この社会のすべての産業も、より便利に、より速く、より美しく…等、よりよい生活のために、人々に幸せを提供することを前提に成り立っていますよね。では、いったいどこまで幸せになれば、究極の幸せを感じられるのでしょうか。

私たちは、お金さえあれば…、ダイエットさえ成功すれば…、素敵な恋人さえできれば…自分は幸せになれるはず！　と、何かを手に入れれば、何かが変われば、幸せになれると考えがちです。

もちろん、あらゆる方法で、幸せのカケラを手にすることはできますし、そういった束《つか》の間の幸せは、けっこう楽しいものです。人生は、そんな「束の間の幸せ」のくり返しです。私たちは、この「束の間の幸せ」を継続していくことで、「永遠の幸せ」を手に入れようとします。

　ところが、そうやって努力することに疲れて、何をやっても幸せを感じられなくなり、不安と孤独感ばかりがつのってしまうこともありますよね。

　そんなときには、「いったいどうすれば、いつになったら本当に幸せになれるんだろう…」という気持ちになります。この気持ちは、他人の力やお金で解決できるものではありません。


　テクノロジーや情報、サービス、品物等のほとんどは、肉体的な幸せを満たすものです。便利で快適であれば、身体が楽で、心も楽と感じますから、肉体的な快楽だけでなく、精神的な快楽も得られます。

　でも、肉体の感覚は瞬時のことですから、これらの快楽は一時的なものです。そして、物欲や所持欲を満たす幸せとも言えますから、その快楽を維持するには、次から次へと欲しいものを求め続ける人生を歩まなければいけません。

　欲しいものを手に入れるのは、幸せを感じるいちばん手っ取り早い方法です。私たち人間にとって「生きがい」のひとつで、大切なことです。

しかし、**肉体的な幸せが満たされても、魂が満たされないままだと、肉体と魂の幸福度にズレが生じてきます。**するとそのギャップから何か「隙間《すきま》風」のような、「ポッカリ穴が空いた」ような、なかなか埋められない空虚さを感じるようになるのです。そんな虚しさを、欲しいものを求め続けることで埋めようとしても、それが肉体的な幸福だけだと、結局魂の隙間を埋めることにはなりません。

私たちがこの世で生きていくために大切なのは、肉体と魂の両方を満たすことなのです。

魂を満たすことなく肉体的快楽を満たすばかりの生活をくり返していると、いつか魂が枯渇《こかつ》してしまいます。すると、幸せを求めることそのものが苦痛になります。そのまま放っておけば、生きることすらつらくなってくるかもしれません。

魂というコンセプト

「魂の声を聴いてください」と申していますが、ここで魂というコンセプトについて、ふれておこうと思います。

「魂の声を聴く」というのは、どういうことなのか。私が魂リーディングをするにあたって、魂をどう捉えているか、コンセプトをシェアさせていただきます。

今となっては、すっかりお馴染みになった「魂が~」とか「魂的に~」という表現。私が最初にこの本を書いた頃は、魂という言葉はあまり使われていなくて、「霊魂」や「大和魂」など、ごく限られた使い方をされていました。

私は、「自分が求める幸せは、魂が知っている」と考えるのですが、この「魂」というのは、その人の「尊厳」のことです。「自分を最も尊重したありかた」「自分の真意」など、何にも邪魔されない、偽りのない、最も尊い自分であるためには、どんな言動をし、どんな人生を選択するでしょうか。それがその人にとって、最高の生き方なのだと思います。ですから、魂が求める答えに沿っていれば、必ず幸せになれると思うのです。

人が何かを感じる時、肉体と魂のアンテナがあると思うのです。魂リーディングで、「何を選べば、一番幸せになれますか？」と聞かれるとき、まずは魂が望むことを優先します。でないと、本当に自分が望む幸せをストレートに求めるのではなくて、肉体が求める、サバイバルのための選択を優先して、魂は満たされないままになってしまうからです。

私のイメージする魂は透明の球体で、肉体の中に宿っている感じです。人の命は、肉体と魂があって存在していて、魂は天の光を浴びて、肉体は太陽の光を浴びて、命を維持していると思うのです。

天とは何かというと、太陽が属する宇宙の存在のように、私たちの想像をはるかに超える大きな力の源という感じです。魂はこの天の光を反映するようなものでもあるとイメージします。

肉体はいつか滅びてしまうものですが、魂は時間と空間を超えて存在できるものではないかと思います。

例えば芸術作品や録音録画されたものの中に、作者の魂が宿っているようにです。人の意識の中にも、影響力ある人の魂が宿るものだと思います。

魂は尊厳を求め、肉体は快楽を求める。心は肉体の一部で、体の状態に影響されやすく、魂は身体の状態には影響されずに存在できるものだと思います。落ち込むとき、実は疲れているだけだったりもするのです。そしてどんなに病気などで肉体的に苦しんでいても、自分の尊厳が保たれていれば、魂は輝いていられるのだと思います。

肉体の幸せと魂の幸せのバランス

魂がどんなに美しくて健康であっても、肉体が病んでしまっては、この世に生きることができません。また、肉体が頑丈でも、魂が病んでしまっていては、幸せは得られません。

魂と肉体の両方がバランスよく満足しているとき、私たちは「最高の幸せ」を感じられるのだと思います。魂と肉体のバランスがとれていないと、肉体の感覚に振り回されて生きることになってしまいます。

この世の中には、肉体の感覚に訴え、肉体を魅了するものがいっぱいありますから、魂の意志にフォーカスしないと、肉体的な欲求によって日々の生活が営まれ、それで一生が終わってしまうかもしれません。

いろんな努力をして、幸せな自分を演出しているにもかかわらず、時々突発的に落ち込んだり、悲しくて涙が出て止まらなくなったり、怒りが込み上げてきたり、わけもなく真剣になりすぎたり、逆に何もする気がなくなったり、「私は大丈夫だぞっ！」と頭で自分に言い聞かせても、暴飲暴食に走ったり、眠れなかったり、眠りすぎたり、異常にお金を使いすぎたり、必要以上にケチになったり、お酒を飲みすぎたり、薬を常用したり…。どう考えても、心身共に不快を訴える行動に走ってしまうときは、魂と肉体の意志をバランスよく満たせていないのかもしれません。

肉体に快楽を与えすぎているか、魂が枯渇《こかつ》しているか、何らかの理由で、魂のあり方と肉体のあり方に大きなズレが生じているのでしょう。魂がその肉体に宿っているのがつらくなって、その肉体から飛び出そうとするかのように、現状を変えたい衝動にかられたら、それを無視してはいけません。

魂と肉体が調和できずに摩擦すると、精神的、肉体的に病《や》んでしまい、最終的には、自ら肉体を破壊するような行動に出てしまうかもしれません。

すべてに疲れ果ててしまって、精神的に落ち込むときは、頑張り続けようとする

〝頭〟に着いてゆけなくなった心と身体が、休養したいと強く欲求しています。ですから、思いっきり落ち込んで休養していいんです。

落ち込むときに私たちは、魂の根底に落ち込んでいると考えてください。自分の魂の求める、真のあり方に触れる絶好のチャンスです。そこで新たなエネルギーを取り込みましょう。

人生の目的がズレていないか、堂々めぐりをくり返して疲れ果ててしまっていないか、チェックするために、自分の魂の声を聞いてください。

私たちはどんなときも、魂に先導されて生きるべきです。

あなたの魂は何を求めているのでしょうか。

自分は「自分の求めている本当の幸せ」に向かって生きているのか、今生きている環境が、自分の求めている「究極の幸せ」にたどりつく軌道上にあるのか、それとも軌道修正しなくてはいけないのか。どこかで妥協しすぎてしまっていないか。自分の魂が求めることをしているのか。または、世間一般の理想的アイデアに縛られていないか。そういったことを常に確認しながら、納得できる人生を創っていけるのは、自分しかいません。

「私たちは魂そのものである」というコンセプトで生きてください。

魂のレベルで人生を捉《とら》え、魂の求める真実に向かって生きることで、日常生活の中での観念が豊かで清らかになり、迷いを断ち切ることが簡単になります。魂の求める答えはいつも一つです。魂の声をたよりに、究極の幸せを生きてください。

「究極の幸せ」は、幸福純度が高い幸せです。

お金がなくても、恋人がいなくても、仕事がなくても、人に認められなくても、「何とかするぞ！」「どうにでもなるぞ！」と思える自分を「幸せな自分」と感じることが、「究極の幸せ」の第一歩なのです。

どんなにささやかで、小さな幸せでも、幸福純度100％の幸せを追求するべきだと思います。やっきになって、欲張って幸せになろうとして、ささやかな幸せの価値がわからなくなってしまったときは、要注意です。たとえ実際には目的とするものを手に入れていなくても、それに一歩一歩近づこうと努力する、すべての過程そのものが幸せであるべきなのです。

とにかく「どんな小さな手応えにも、生きがいを感じられること」が幸せの基本です。まずは、「何がなくても幸せな自分」がいなければ、幸せになれないので、そのためには「素っぴん」で幸せな自分を確立することから始めましょう。

私たちは、過去に得られなかった幸せを求めて、この世に生まれてきているのですから。

過去世、現世、そして来世について

今を一生懸命に生きるとか、一度限りの人生という「現世／今世」というコンセプトはわかるけれど、「過去世」や「来世」については信じられないという方がたくさんいらっしゃると思います。たとえば、無意識のうちに、今度生まれ変わるならとか、生まれる前からずっと知っていたような、などと感じることがないでしょうか。

これは誰かから「過去世」や「来世」があると教えられてそう考えるようになるのではなく、ごく自然にそう感じるようになるもので、実際に「過去世」「現世／今世」「来世」という言葉が存在するということは、そういったコンセプトを共有する人が多いということです。なので、私は「過去世」「現世／今世」「来世」「輪廻」は本当にあるという考えで、サイキック・リーディングをしています。

たとえば、今世の生いたちとは全く関係ない才能を発揮する人がいます。私のサイキックの能力にしても、前世でもやっていたことのように感じるのです。それは「前世」の影響ではなく、DNAの仕業とも言えるかもしれませんが、同じDNAでも才能の開き方が違ってくることを考えると、人それぞれ肉体と魂は違うところから来るのかもしれないと思ってしまいます。

リーディングでは、その人の前世であろうイメージが観えてきます。国や職業、性別、死因なども観えてきます。それが正しいか証明はできませんが、ご本人がそれに通じる何かを感じられることが多いです。

来世に関しては、人が生きているうちには、あまり観えないもののようです。しかし、「生まれ変わったらこうしたい」と考えたことがある人は多いと思います。

私たちはこの世に生を受けると、身体が朽ち果てるまでひたすら生きます。この生きている間に何がしたいかというと、結局は「生きる」ことと、「満足する」ことです。

死後の世界という観念、そんな世界があるかないか、それがどういうものなのかは、宗教や個人によって捉え方が違いますが、死後の世界があるとしたら、天国と地獄という、苦楽に分かれるとイメージされたり、魂がこの世に戻ってくる可能性があると考えられたり、万国で共通のものがあるようです。

極楽浄土や天国に行くとか、成仏する、神のもとに召されるというのは、最高に満足な状態で、全ての苦しみから解放された状態です。この世に生まれ変わって、戻ってきてイチから苦労するよりいいんじゃないか？と感じるのもわかる気がします。「死んだらそれで終わり」と考える人は、すでにこの世に戻ってこない決心ができているのでしょうか。今の人生が幸せであれ、不幸であれ、今世を生きたらこれで終わりにするつもりなのでしょうか。

逆に、たくさんの夢や希望のある人は、「こんなの一生かかってもできない」「今世じゃムリ」というふうに口走ることがあるかもしれません。これは、何回でも生まれ変わって夢を叶えてやる！　と自分自身に誓っているのだと思います。これがあなたの来世です。そして無意識に持ち備えている感覚とか能力が、過去世の証なのではないかと思います。

私たちが今世で持つ、いろんな興味や夢は過去世からきていて、今世でそれをこなせないと、また来世まで持ち越すことになるのかもしれません。少なくとも、今の前にも後にも人生が存在すると考えられることで、生きる心構えに余裕が出てくるような気がします。「これは来世でやるワ」と思えることで、いらない執着を捨てられる感じがしないでしょうか。

私にとって魂は、透明感のある球体のもののようなイメージで観えてきます。幸せで愛情に満ちあふれ、力強い魂ほど透明感があって、天の光（生命力）に満ちて光り輝いているように観えます。魂の純度が高いということは、より幸せであるということで、純粋な魂はより透明なイメージです。魂の世界の観点からみると、この魂の透明度に価値があって、日々の出来事のすべてが、魂の透明度に影響します。あなたの魂はどうでしょうか。

Chapter *1*

すべての「出会い」の意味に気づいてください

私たちは一瞬一瞬、出会いをくり返しています。自分から求めるもの、向こうから来るもの、人の紹介によるもの、偶然に出くわすもの、すれ違うもの、意味を感じるもの、感じないもの、いい出会い、悪い出会いなど、出会いにもいろいろあります。

出会いによってすべての問題が解決したり、逆に問題を抱えたり。魂の透明度を増すには、魂レベルで通じる人や環境との出会いが必要です。説明しなくても理解し合えたり、共鳴できたり、夢を膨らませてくれるような出会いを、どんどん求めましょう。自分の使命を示してくれるような人や環境との出会いが、最高の出会いといえるでしょう。

Rule 1

なぜか人間関係がうまくいかないとき…それは、あなたがいるべき場所ではありません

人間関係に恵まれていないと感じるのは、魂レベルでお付き合いできる人が、自分の存在する空間にいないからです。その場が、どんなに興味をそそられるような環境だとしても、実際自分が求めているものではないのでしょう。

自分がいるべきではない空間に、自分の将来には関係のない人々に囲まれている、と考えてください。

悪い人間関係というのは、不満を抱えながら、イヤイヤそこに存在し続ける人や、自分のことしか考えない人が集まるときにできあがります。そういう人々に囲まれていては、居心地悪くて仕方ないでしょう。

できることなら、とにかくその場から一刻も早く抜け出して、いろいろな違う場所に出かけ、自分の理想とピッタリくるエネルギーの人を探してください。自分に

必要な人は、自分の魂にエネルギーを与えてくれる人です。自分の魂の存在を大切にしてくれ、価値を認めて、チャンスを与えてくれるはずです。

そうでない人たちに対しては、気に入られなかったとか、受け入れられなかったとか、そんなことは思わずに、ご縁がなかったと考えてください。自分がその人たちと、そこにいるべきではない理由が必ずあるはずです。

「魂の求める人間関係が存在しない環境」とわかっていながら、わざわざその悪条件の環境に留まろうとする場合は、目的をハッキリさせましょう。そこまでして何を得ようとしているのか、なぜその環境が役立つと思うのか、いつまでそこにいる必要があるのか、などです。「何年何月までに、この方法で取り組んで、変化が見られなかったら、その場を去る」。**自分の求めるものを得る方法と、タイム・リミットを設定してしまったほうがいいでしょう。**

例えば仕事。

念願の職に就《つ》けた！　と思ったのに、会社の人間関係が殺伐としていて、皆が足の引っ張り合いをしている。何も教えてもらえないしサポートがない…というような、仕事は気に入っていても、人間関係が悪すぎることがあります。

原因は、皆がその会社の方針に不満を持っていたり、その仕事そのものが嫌いなのに、生活のためにだけ働き続けているとか、日々蓄積されるフラストレーションが表面化して、嫌な雰囲気になってしまっていたりなど、いろいろあるでしょう。

基本的に「いじめ」の傾向が強い会社もあります。でも、それによってあなたの魂が蝕《むしば》まれてしまっては、その会社にいる価値がなくなってしまいます。

ネガティブなエネルギーというのは、インフルエンザのように猛烈な勢いで伝わってしまいますから、悪い影響を受けないように、常に自分のエネルギーを浄化して、魂を健康な状態に保つべきです。

その会社をスグに辞められないなら、「学び」の場と開き直りましょう。そして、その会社で何を学びとるのか、複雑な人間関係の中で、自分が何を学んでいるのかを考えるのです。せっかくその場にいるのですから、転職を考えながら仕事を続ける間にも、「タダじゃ辞めない！」と思わなければ、損です。

悪い人間関係から、どうしても抜け出すわけにいかない場合は、天から与えられた最高のチャレンジとして、その場のエネルギーを少しでも好転させる努力をしてください。周囲の人間にポジティブなエネルギーを与え続ける努力をするのです。

私たち生き物はエネルギーを読み取り、受け取り合う能力を持っています。どう思われようとも、自分は愛情のこもった、ポジティブなエネルギーを放出し続けて、その場にいる人々と、ポジティブなエネルギーを連結させていく努力をしてみてください。

その場の雰囲気を一瞬でもいいから変えていく。たとえ最終的に状況が何も変わらなくても、自分は人として成長し、自分の魂は洗練されていきます。

ただし、どんなに努力をしても、何も変わらないなら、思いきって、自分のいる環境をガラッと変えることが必要です。

転職、転勤、転校、趣味でまったく別世界の環境に身を投じるなど、いろいろと方法はあります。

明るい人と暗い人の調子が合うことはありえないのです。暗い人にとって明るい人のエネルギーは「暑すぎ」で、明るい人にとって暗い人のエネルギーは「寒すぎ」なのでしょう。

ポジティブ思考派とネガティブ思考派も異種のタイプと覚悟したほうがいいと思います。自分がどんなに明るくしていても、まわりが暗いままなら、それはそれでそっとしておきましょう。元々合わない人に魂が病むほど近づいてはいけないのだと思います。

悪い人間関係にぶつかることで、私たちは、「どれだけ慈愛の精神を持てるか」を試されます。逃げ惑わずに、それとじっくり取り組むことも、時には必要で、避けられないこともあるでしょう。

特に、最も関わり合いの深い個人が、自分の最大の障害になる場合、避けてばかりはいられません。仕事には恵まれていて、周りの人からも応援されているのに、どうしても関わらなければいけない数人が大きな壁となる場合、相手に、慈愛の精神でアプローチすると、たとえ受け入れられなくても、その事情が観えてくると思います。

まず自分自身が覚悟して、相手がネガティブになる原因が何なのかをみてください。その人自身が抱えている問題や、その人が経験してきたことに原因があるはずです。自分が慈愛で前向きに接しても、それをネガティブに返されるのであれば、こちらからできることは、それ以上ないのです。

あなたにとって、とても大変なことかもしれませんが、天が「あなたならできる」と見込んで与えている試練だと考えてみてください。それができるようになったとき、確実にあなたの魂はレベルアップされて、どんな人にも向き合えるようになるでしょう。

健康な人間関係が持てない相手に、直接的なアプローチがしにくいなら、お祈りをしてください。

関係がうまくゆかない相手のために、「○○さんの心のシコリが取れて、私の魂の光が通じますように」と、お祈りします。真剣なお祈りは絶大な効果をもたらします！

魂レベルのつながりが持てない人々と、お付き合いをするのは大変無意味です。無駄に時間をつぶし合うようなものです。人間関係が悪いときは、自分自身も実質的な利益だけを目的にした付き合いを求めていないか、ということにも気をつけながら、魂レベルでお付き合いできる人々を、探し続けてください。

新しい環境や初対面の人たちは、あなたの新しい可能性を開く扉をもっています

新しい場所（職場）になかなか慣れない、初対面の人はどうも苦手だと言う人。理由は何でしょう。

ひとつに、「知らない人のエネルギーに振り回されるのが煩《わずら》わしい」というのがあります。

新しい環境には、自分が慣れないエネルギー空間が存在しています。私たち生き物は、常にエネルギーを感じていますから、どんなエネルギーにも、とても影響されやすいものです。

例えば、極端に優柔不断な人と一緒にいると、自分は普段はそうでもないのに、その人に影響されて、何も決められなくなってしまうことがありませんか？

特に知らない人のエネルギーというのは、予測しにくいので、気をつけないと、

まともに影響を受けてしまいます。わからないことだらけの場所で、自分も周りの人も戸惑《とまど》っていると、お互いの迷いに影響されて、さらに心細くさせられてしまうのです。

それでも、環境は自分を変えていくのにもっとも最適なツールで、新しい環境は良くも悪くも、新しい人生のドアを開いてくれます。**環境を変えるときは、たとえそれが不本意であったとしても、人生の変遷期を迎えているのです。常に自分の魂が自分を導いてくれています。「たまたまそうなった」と思いがちな「偶然」にも必ず意味があります。**

自分はなぜそこを選んだのでしょうか。またはどんな運命の流れで、そこにたどり着いたのでしょうか。その環境が自分にとって何を意味するのかがはっきりすれば、その環境を最大限に活《い》かす方法が観えてきます。

その環境から自分は何が得られるのか、そこには何があるのか、自分の求めるものは何で、必要ないものは何なのか、今までに得られなかったものを得られるのか、自分が得たいものの中で、新しい環境にないものは何か、新しい環境での出来事が自分にどんな影響を与えているのかを考えてみてください。

そして、そこに自分がどうフィットするか、またはどうネジ伏せられるかなど、新しい環境に対応する自分を客観的に見つめてみましょう。自分が同じような人生のパターンをくり返しているのか、または改善されているのか、考えてみてください。

環境を変えることで、自分がそれに合わせてどんどん変わっていけるはずです。または変わろうと努力せざるをえない状況に、追い込まれるはずです。

「環境に合わせて柔軟に考え方を変えていくこと」が私たちを成長させます。基本的には「どんな新しい環境も自分のものにする」と考えてください。

いちばん大切なのは自分が理想的に成長していると実感することです。

新しい環境に成長させられてゆく自分を感じられるときに、自信が生まれます。

これは「純度の高い幸せ」です。純度の高い幸せを保つには、「怖い」「面倒くさい」「苦手」などというネガティブな考えは禁物です。そして、いつでも一から謙虚に出直すことに新鮮な喜びを感じましょう。そうすることで魂は磨きあげられていきます。

「はじめてなので、わからないこと」を、恐怖や恥ではなく、未知の世界に触れる感動にしてください。魂の目で自分の最終ゴールを見据えて、新しい環境が、自分のゴールに近づくきっかけになるか、観てください。

新しい環境に慣れなくて困ったときは、まず自分を守るために自分のまわりに「清浄な自分の空間」を想定してください。バリアのようなエネルギーで、自分をすっぽり包んでください。自分を守る空間の中から、冷静に外の世界を観察するような気持ちで、まわりの様子をみると、どんなに混乱した状況の中でも、自分が迷っているのか、他の人が迷っているのか、外からのエネルギーと自分の中からのエネルギーの違いを感じることができます。すると環境や人など、外からの影響を受けにくくなります。

それでもしっくりこなかったり、落ち込んでしまったり、みじめな思いをしているときは、魂が蝕《むしば》まれてきているのでしょう。やっぱり、その環境は今の自分には合わない、必要ないということです。もっと自分に合った環境は何か、魂の目で自分の理想の人生をしっかり観てください。そして次の新しい環境のドアを開くことを恐れないでください。

合わない環境から去る決心をするときは、「出口」についてよく考えてください。自分が選んだ環境が、自分に合わなかったということは、最初から長くいるべき場所ではなかったのでしょう。でも、**そこには自分が理想とする環境に近づける「出口」があるはずなのです。**その「正しい出口」にたどり着くためのステップだったということです。ですから手ぶらで逃げ去るようなことはせず、自分のためになる情報や人間関係を一つでも多く吸収して、正しい出口から次の環境に挑むようにしましょう。たとえば、嫌な職場でも、もうちょっとで昇格できる可能性があるなら、ステップアップしてから転職できるのがいいと思います。

Rule 3

あなたが気にするほど、他人はあなたを見ていません

他人の目が気になって仕方ないのは、実際の自分よりよく見られたいと思っているからではありませんか。自分の自信のなさや欠点、自分自信に対する不信感、何らかの罪悪感などを他の人に見られてしまうのが恐いのではないでしょうか。

ビデオに録画した自分の姿を見て、自分の想像とあまりにも違って驚くことがあるように、他人の目に映る自分の姿が、自分の思いと違っていることもよくあります。

もちろん「他人の目は恐い」ですが、では逆に、自分の目は他人をどう判断しているのでしょう?

「他人の目」は「自分の目」でもあります。自分が他人のことを気にするから、他人から見た自分のことも気になってしまうのです。または自分のことを気にしすぎ

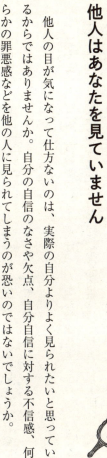

るから、他人は自分をどう思うのだろうかと、気になって仕方なくなってしまうのです。

こんな風に思われるんじゃないか、と想像しはじめるとキリがありません。面接などはもちろん、仕事場でも好印象を与えないと仕事にならない場合もあります。しかし自分の神経を蝕《むしば》まれるほど、他人の目を気にして生きてゆくわけにはいかないのです。

他人はどんなに干渉してきても、いざというときに頼れるのは自分自身しかいません。どんなに好かれようと努力をしても、嫌われるかもしれないし、ましてや**あなたの人生に何の影響も与えない、もともと関わらないほうがいいかもしれない人々の目さえ気にしてしまっているかもしれないのです。**

自分がどう見られているのか気になる人は、「人から愛されなくなったら、どうしよう」「見放されたらどうしよう」という不安が根底にあります。人間は、人の外見のイメージと共に、内面のエネルギーも読みますから、そういう心配があると、外見を固めても何かぎこちなくなってしまいます。外見と内面のエネルギーがバランスがよく保たれていなければ、人に安心してもらえないでしょう。

他人の目を気にしないようになるには、「とにかく気にしない」ことですが、具体的に何ができるでしょうか。

いちばん手っ取り早いのは、外見から固めてゆくことです。どんなに心がボロボロで、生活がグチャグチャでも、とりあえず身なりさえ標準であれば、一見わかりません。これは「逃げ」の方法ですが、外見がシャンとしていれば、グシャグシャな心も少しは落ち着きますし、「素敵ですね」と褒《ほ》めてもらえれば少しは自信も出るでしょう。

時と場所に合わせて、適当な身なりを心がけていれば、それが対人面での安心材料になります。

でも、他人はある程度ごまかせても、自分自身をごまかし続けるわけにはいきません。いつまでも逃げていられませんから、根本的になぜそんなに人の目が気になるのか、原因をつきとめましょう。

私は子供の頃から「他の人にどう思われると思うの?」と言われて育ちました。そのせいで、物事を判断するとき、まず他の人にどう思われるかを気にする習慣がついてしまいました。これを修正するのに、とても時間がかかりました。

他にも一般的な例として、親から愛されていないと感じたことがある。親にいつも口うるさく批判されてきた。自信がない親に育てられた。親の不安やフラストレーションに潰されて、「自分は生まれてきてよかったのか…」そんな疑問を感じるくらい、劣等感がある。それでいつも何か物足りなくて、いくら愛されても満足できない。

そんな傷ついた心が土台となって、とにかく印象を良くしたい、誰からもうらやましがられる存在になりたい、人から注目されたい、愛されたい、存在を認められたい、とひたすら愛情を求める自分が確立されてしまうことがあります。

充分愛されなかった傷を覆《おお》うために、「自分がこんなふうだったら…」と、誰からも愛され、人が批判する隙も与えないような「完璧な理想像」を自分の中で創っては、「理想の自分のイメージ」と「現実の自分のイメージ」の間で戦ってしまう。

「こうでなきゃイケナイ」という自分の独断と偏見でつくりあげたイメージが、他の人に認められるためのものである場合、魂的な自分のあるべき姿からズレてしまうことがあります。

魂の目は本当の自分を観ています。自分の嫌な部分も良い部分もすべて見通しています。

四方が鏡でできた部屋で、あらゆる角度から自分自身を見つめているようなものです。

魂の目で、魂の視点から物事を観ると、人生の真意＝自分のあるべき姿を「観る」ことができます。自分にとって何が一番なのか、何が幸せなのか、自分はどうあるべきなのかを知って、その通りに生きていれば、魂は満たされ、誰が見ても文句のいいようのない姿になれるはずです。

自分の正しいあり方が観えないと、周囲の人の意見に頼って判断しようとします。

例えば、「他の人に変に思われるでしょ、ちゃんとしなさい」などと、子供の頃に言われたことに縛られて、他の人の目を気にしても、他人が自分の何を見ているのかわかりません。その人自身が気にしていることしか目に入らないものです。ですから、他人の基準で自分の人生を判断することはできません。

魂のレベルで自分のあるべき姿が観えている人は、周囲の目を気にして、それに合わせようとは思いません。「自分の魂の目」で自分の正しいあり方を見出したら、人にどう思われようと、中傷、干渉されても、自分がこうするのはこういう理由です、と自分の意志を説明できるでしょう。

自分と同じような「魂の視点」で自分を見てくれる人は、あなたの今の状態がどうであれ、あなたに何か通じるものを感じて応援してくれるはずです。あなたのことを本当に知りたいと思ってくれる人に、運よく出会えたらラッキーです。他人はあなたが気にするほど、あなたの人生を見てくれているわけではありません。

Rule 4

「自分さえ我慢すればいい」と思うのは、今すぐやめましょう

人に何かを頼まれると断われなくて、いつも損ばかりしている…という人がいます。でも基本的に都合悪い話は断わっても何も失うものはないはずです。とはいえ人のよさ、寛大さ、潔癖さ、またはちょっとした気の弱さ等が重なって、本当に大損をさせられることがあります。

自分自身の人生で優先させるものが何かはっきりしなかったり、何となく自信がなかったりするときに、頼まれごとを優先してしまうこともあるでしょう。

イヤな思いを重ねて人間嫌いになる前に、何が何でもイヤなことは断われるようになる練習が必要です。

生きがいとして人に奉仕することと、我慢して仕えることは違います。やりたくないことをあえて引き受けて不本意な結果に終わり、ましてやその責任を取らされ

ることになったら、誰を責めるわけにもいかないのです。

まずはイヤだと思うことを引き受けようとするとき、少しでも欲が自分の中に見え隠れしたら、大損をさせられる前兆だと思ってください。すでに頭の中で自分に都合のよい言い訳を練っているはずです。すでに最悪の事態を予想し、心の準備をしているのです。

イヤなことを引き受けようとするとき、無理や損をして自分が傷つくかもしれないことは覚悟してください。どうしても引き受けざるをえないのならば、自分にも相手にも「今回限り」と条件をつけましょう。

自分さえ我慢すればいいんだ、という考えでイヤなことをくり返していては、自分が長続きしません。自分のフラストレーションを一時的にごまかせても、たび重なると自己嫌悪になり、精神や肉体に大きな悪影響を及ぼしてしまいます。最悪の場合は病気などの症状となって出てくるかもしれません。どうしてもイヤなことはキッパリ断わり、それに対して後悔しない主義にしてください。

これは自分の魂を守るためでもあります。イヤイヤながらもしがみつくような人間関係は自分の魂をむさぼるだけです。

頼まれごとを断わったら壊れるような人間関係は、あなたの人生にとって必要のない人間関係です。失うべきものを失うのだと考えてください。それですべてを失うとは考えないでください。魂レベルで付き合える人は、無理やりに物事を押し付けてきたり、あなたにイヤな思いをさせるようなことはしません。自分の魂をすり減らしてまで無理な頼まれごとを引き受けるのは無意味です。誰もすり減った魂の代償はできないのですから。

傷つきやすい人は、誰に何を言われても「自分を責めない！」がルールです

「どーでもイイ人」にイヤなことを言われるほど、心にグサッときますよね。「お前なんかに言われたかナイよ」という人ほど、辛辣《しんらつ》なことを言ってきたりするものです。

人の気を悪くする言葉を口走ってしまう人は、じつはコンプレックスの塊なのです。そして、それなりに損している人なので、かわいそうな人だと思って、言われたことはさらりと忘れてしまいましょう。「嫌な奴の言うことは聞かない」というのが基本です。

そして、大事なことは、**誰に何を言われても、自分を責めてはいけないということです。**

「自分を責めない！」というルールを守ってください。自分で自分を責めても何の

進展もありません。人が傷つくような言葉を言う人のほうがおかしいのですから、あなたが悪いのではないのです。

幸せになることとは、とにかく前進することです。自分で自分を責めて隅っこに追いやって、逃げ場をなくしてしまっては幸せにはなれません。自分の突破口をつくるのは自分しかいないのですから。どんな状況下でもベストを尽くして、「自分で納得して生きている！」という自信を持ちましょう。

人に言われたときに傷つく心というのは「エゴ＝自尊心」です。自尊心が高ければ高いほど、傷つきやすくなります。

では自尊心をなくしてしまえば、何を言われても傷つかなくなるのでしょうか。その通りです。とはいえ、自尊心をなくしては生きていけません。自分が壊れてしまいますから…。健全で適度な自尊心は、自分を守り、自分を向上させてくれます。

だからといって自尊心をむき出しにして生きていると、それがジェラシーの的になってしまうことがあります。自尊心が傷ついている人は、他の人の自尊心も傷つけようとしてしまうもので、あきらかに悪意のある、ひどい言葉が自分につき刺さらないように、ひらりとかわしてください。

ただ、どんなに自尊心が傷つけられても、魂だけは誰にも傷つけられることはありません。魂は自分の尊厳、尊いあり方そのものですから、**心がズタズタになった状態でも、希望を持つことで魂は輝きを増すのです。**輝きを増した魂によって生命力が強くなり、心の傷を癒し、さらに前進していけます。

自分の魂との結びつきが強いというのは、自分のポジティブな生命力そのものとの結びつきが強いということです。すると恐れがなくなります。

私たちは、傷つくのが恐いと思うほど、よけいに傷つきやすくなります。

そして、傷つくことから逃げ回ってばかりいると、それで一生を終えてしまうことになる可能性もあります。傷つくことから逃げ回る方法より、傷つけられても、それを乗り越えて成長する方法を身につけましょう。そうして自分に自信が持てることのほうが、魂のレベルアップのためにも有意義です。そして、そんなときにこそ、自分がいちばん大切であるという自尊心が大活躍します。

徹底的に感傷的になって、怒りの頂点まで達して、やっとそれを乗り越えられるのも確かです。もうこれ以上傷つきようがないところまで到達すれば、かなり強くなれていますし、些細《ささい》なことはいちいち気にしていられなくなるでしょう。「怖いものなんてナイ！」と思えるようになれたら、本当に幸せです。

自分が最も恐れる言葉は何か、なぜそうなのか、理由を突き止めるのもいいでしょう。誰でも、こういうことを言われると傷つく、という言葉があるはずです。それを自分自身で認識して、受け入れられる心の準備ができていると、ショックが軽くなります。

でも、傷つけられた！　と思ったときは、「今、すごく傷つけられた！」とはっきり相手に伝えるのは当然です。相手を傷つけ返したところで、泥仕合になるだけですから、傷つけられたことは、自分で気がすむまで思いっきり怒って、それを消化して体外に排出してしまいましょう。

こういう怒りは反骨精神の怒りで、傷つけられたことを返上するバネになります。注意しないといけないのは、恨みの怒りになってしまうと、仕返しするまでいつまでたっても引きずってしまうということ。挽回するのと仕返しするのでは大きな違いです。恨みを根にもつのはいけません。

何といっても、魂レベルで付き合えないような人の言葉をまともに受けて傷つくなんてもったいないです。自分に意味のない人に感傷的になるのはエネルギーの無駄です。ネガティブなエネルギーを自分の自尊心でバネに変えて、自分をさらに向上させてください。

魂的なつながりを感じない人の言葉に傷つかなくていいのです。

Rule 6

「腹を立てない」と決めると、思わぬ人生が開けます

怒りは私たちを盲目にします。怒ると、その他の感覚はすべて麻痺してしまって、もちろん魂との結びつきも断ち切られ、魂の存在さえ見失いそうになります。怒りが私達の身体を支配し、普段なら考えられないような破壊的な行動に出てしまうこともあります。

魂を磨くために、「怒る」ことそのものを避けてみてください。とはいえ、生きている限り、腹の立つ原因は絶えません。時には怒りがモチベーションになって、物事を成し遂げることができるのも確かですが、憤りを感じ、その原因を一掃する努力ができなければ、怒り損です。

「腹を立てない」というのを意識的にやるのは、私たちの魂のレベルアップのための、究極の課題ともいえるでしょう。腹を立てない人になるには、日々の努力とか

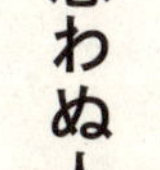

なりの修練が必要です。「腹を立てない」と決めたその日から、自分の人生観が変わってきます。一生涯を通してチャレンジングな課題となるでしょう。

周囲のやることは腹が立つことばかり…と感じるときは、ストレス度がかなり高まっていて爆発寸前です。いままで見ないようにしていた世の中の嫌な部分、汚い部分しか見えなくなってしまったり、どこかに消えてしまいたい気持ちになってしまうのも、こんなときです。魂の意志に合った、清浄な世界に行きたいと感じているからでしょう。

まず自分が抱えている問題のすべてを書き出して、一つひとつ対処の方法をなるべく具体的に考え出しましょう。それらは一夜にして改善はできなくても、このまま自分の中のフラストレーションを無視して生きるよりはヘルシーです。

あなたには何の問題もないのに、周りの人のイライラに影響されて怒ってしまうこともあります。例えば、自分の気分がいいときに、そばに怒っている人がいると、せっかくのポジティブな気分もぶち壊されてしまいます。そういった人々とは関わらないようにするのが一番です。

とはいっても、怒っている人を目撃するだけでもイヤな気分になってしまうものですから、そんなときはポジティブな言葉や歌、ビジョンなどを使って頭を切り替えて、すぐに自分の機嫌を直すようにしましょう。みじめな人にみじめな思いをさせられるのは避けたいものです。

お気に入りのものを見るとか、ちょっと小走りをしてみるとか、飛び跳ねてみるとか、好きな人のことを考えるとか、晴れた日なら空を見上げるのも効果抜群です。雨の日は、自分の中に溜まっている、ネガティブなエネルギーを、雨で洗い流すように想像してください。雷が聞こえたら、自分の中にあるわだかまりを、砕いてしまうように想像してください。

お気に入りのアロマ・オイルを〝のどぼとけ〟のあたりに塗るのも効果的です。ラベンダー・オイルは気分を落ちつかせ、ローズ・オイルは想像力を盛り上げてくれます。ホワイト・アンジェリカはポジティブでエネルギッシュな気分にしてくれます。これらは私の愛用しているオイルです。ユーカリやローズマリー・オイルも常用しています。

いつも自分の目標や夢について考えてください。魂のゴールが見えていれば、迷いや不安、怒りなどに振り回されることはありません。

魂の充実のために努力を惜しんではいけません。**魂が充実していれば、たとえ周りの人が腹を立てていても、自分は幸せな感じでいられるのです。**それがゴールです。

心とからだと環境を浄化させる方法

イライラするのは精神的な原因以外にも、肝臓が悪い、糖分、塩分、食品添加物、カフェイン、アルコールの摂《と》りすぎ、パラサイト、婦人病、栄養失調、運動不足など、健康状態の悪さが主な理由となっている場合もあります。

まずは食生活から改善してください。食品添加物の入ったもの、調理されてから時間がたちすぎているものは食べないようにしましょう。「気」は食品を通しても伝わります。

怒った人が調理した食べ物には、怒りのエネルギーが入っていて、それを食べた人の気分に影響します。外食するときも、エネルギーのよいレストランを選んでください。これはスタッフやお客さんのエネルギー、雰囲気で判断するしかありません。

エネルギーの質がよい食べ物は、少し食べただけでも満足感があります。いくら食べても気分的に満足できない食べ物は、「気」が入っていない食べ物です。

食べ物の素材の味は、ビタミン、ミネラルなど、細胞の栄養となるもので、塩、砂糖、油脂などの調味料は味覚を強制的にコントロールします。ジャンク・フードや白米、菓子パンのような、調味料主体の味覚ばかりで食べ物を味わっていると、それが精神状態にも影響を及ぼします。甘味、苦味、渋味、辛味、塩味、酸味などの味覚はすべて感情を左右し、それぞれの感情が臓器に影響します。例えば甘いものを食べると、血糖値が急に上がって一時的にエネルギーが出ますが、その後すぐに、血糖値が下がり始めて疲れてだるい感じになります。砂糖を過剰に摂《と》ると血液が汚れるといわれます。

そして疲れたから甘いものを食べて元気になろうとすると、さらに疲れるといった悪循環になります。消化しにくいもの、加工食品などを食べると、消化作業そのものがストレスとなり疲れます。塩分を摂りすぎるとむくんで不快感が増し、怒りやすくなります。感情を穏やかに保つ自然食品、野菜や玄米など癒し系の食べ物で調整してください。

なるべく怒らないようにするためには、心身そして環境のすべてを浄化してしまいましょう。食生活、生活環境、過去から蓄積している心労など、全ての「毒抜き」を目的とした生活を習慣にしてください。

休養、運動も適度にし、読書やメディテーションなどで、精神に栄養を与えてあげてください。バケーションに出かけたりして、大嫌いになってしまった環境から抜け出して、新鮮な空気を吸うのもよいでしょう。

幸せとは、やりたいことが自由にできることです。行ってみたいところに出かけたら、インスピレーションが湧くかもしれません。魂の声を聞いて、どこに行きたいか、何がしたいか、指示を受けてください。

直感で旅のプランを立てるのもよいでしょう。こんなときは、時間やお金のことは気にしないでください。時間もお金もすべてあなたのもの。魂を満たす目的で使ったら、必ず回ってきます。

Rule 7

「ありがとう」がコミュニケーションの悪さを改善します

　私たちは、一生を通じて、たくさんの人たちと「関係」をつくって生きています。ひとりひとりが自分にとって何か意味のある人です。偶然の出会いも、嫌な人との出会いでさえ、すべては出会うべくして出会っていて、それをムダにするかどうかは、自分次第です。

　これらの人々はあなたが過去世でやり残してきた何かを乗り越えるためにとか、あなたの魂のレベルアップのために、あなたと何らかの関係をもつために存在しているのですから、出会った人たちから、そういったメッセージやヒントを得てください。

　コミュニケーションの方法についてですが、子供の頃に体験した、親とのコミュニケーション方法が、大人になっても影響してしまうのも事実です。赤ちゃんは、泣いて不安や不快感を伝えることで親とのコミュニケーションをとります。それがそのまま大人になってからも残ってしまって、不快ばかり訴えたり、怒りや弱音、悲鳴をあげて助けを求めてばかりいては嫌がられてしまいます。

子供の頃に経験した、「自分を悩ませる家族のメンバーに対するいつものリアクション」が大人になってから、つい出てしまうことがあります。

母親や姉妹との関係が悪い人は、女性との人間関係が苦手だったり、父親や兄弟との関係が悪くて、それが男性の同僚に対する感情に影響したり…。これらは習慣的な肉体のリアクションで、自分ではそんなことはしないと思っていても、ふとしたきっかけで、気がつかないところに出てきたりします。

例えば母親が何かにつけて否定的で、何でも言う通りにしないと納得しないような人なら、女性はそんなものだと思いがちになり、父親が頑固で融通がきかないなら、男性はそんなものだと思いがちになってしまうことがあるのです。

職場でも、いつの間にか自分の家族に接するように同僚と接してしまって、家族と解消できていない問題が、そのまま同僚との関係に表われてくることもあります。

家族とのコミュニケーションをとれない人が、同僚とのコミュニケーションもとれないとか、家族に何も期待していない人が、同僚にも何も期待できなくて、なんでも独りで抱え込んでしまうとか。

このように、家族との関係が自分の言動に、一生を通して影響してきます。ですから、自分の育った環境の善し悪しを過去にさかのぼって把握して、悪いところは改善する努力をしないと、家族に植えつけられた欠点が、自分の人生の欠点となってしまうこともあります。

人間関係が悪くならないようにするには、前向きなコミュニケーションが大切です。まずは必ず「ありがとうございます」とお礼を言いましょう。どんなときも必ず何か返事をして、無言になったり、無視したり、否定はしないこと。最低限、この2つが守られていれば、基本的に前向きなコミュニケーションが取れるでしょう。

ソウル・メイトについて

「ソウル・メイト」は、簡単にいえば、出会った瞬間から、前にも会ったことのあるような気がする、親近感の持てる人だと思います。

「世界は狭い」といいますが、世界中どこを駆けめぐっても、何かしら自分とつながりのある人に出くわすことがあります。または、朝電車で見かけた見ず知らずの人に、夕方全く違う場所で出くわしたり、という偶然がありますが、これはあなたとその人が同じ時の軌道とか、同じエネルギーの流れに乗っているからでしょう。

ソウル・メイトは、過去世で同じような体験をした人とか、肉親だった人とかいわれますが、過去にこういった同じ時の軌道とか、同じエネルギーの集まっているところにいた人なのだと思います。またはその人の持っているエネルギーそのものが自分のものと似ているのだと思います。

だからといって、必ずしもその人と友達になったり、恋愛するとは限りませんが、共有できるエネルギーを感じる人には、何かしら引っ張られるようなご縁を感じるはずです。物理的に考えても、人間の歴史の始まった頃より、今のほうが断然人口が多いでしょうから、それだけ魂の数が増えていることになります。ですから、私たちは皆、前世でアフリカやエジプトに住んでいたのではないかとか、地球上のもっと狭い範囲に共存していた可能性があるのではないかとか、魂が過去世から来ているとイメージすると、前世で知ってた人がいるという発想につながります。それを証明することはできませんが、ソウル・メイトという発想は、前世の存在を思わせてくれます。

ソウル・メイトだったから、なかなか縁を切れないとか、ソウル・メイトかもしれないから、嫌なことをされても過去の恨みを解消するために我慢しなくてはいけない、ということはないと思います。その人と同じ時の軌道に乗っていたとしても、必ずしも運命を共にするとは限らないのです。「時の軌道」「エネルギーの質とレベル」「存在する場所」が交差しないと、何も起こりません。人生の目的に共通点があって、その目的を達成するために協力し合える人は、前世で関係なくてもソウル・メイトだと感じられるでしょう。ソウル・メイトの中でも、あなたの目指すべき人生の方向を示してくれて、よいお手本になってくれる人たちと、それぞれの運を持ち寄って影響し合って、人生の可能性をより広げることができると、奇跡が起こせるかもしれません！

観じるということ～直感と憶測の違いについて

私は直感で感じることと、見ることを「観じる」とか「観る」というふうに、当て字を使って表現します。これは日本ではおなじみの観音様からきているのですが、観音様は「音」を「観る」と書きます。これは見えない何かを察する能力のことで、それが直感であり、サイキック・パワーなのです。

私たちは誰でも、何となくカンを使って答えを出そうとすることがありますが、この「何となく」には、直感のものと、憶測のものがあります。直感は観（カン）で、魂の目で観るということで、憶測は勘（カン）で、これは今までの経験や勉強から得た知識から、根拠がハッキリしないのに答えを選ぼうとすることです。ですから「勘違い」という場合もありますが、直感には「観違い」というのはありません。

勘で探るイメージは、過去見たことがあるイメージの思い起こしで、直感の観では普通に考えると見えるはずのない、未来のイメージが観えます。勘には自分の期待がかなり入っていますが、観はありのままが観えているということなので、決して間違いや曖昧な答えはないのです。

観を鍛えるにはいろいろな方法がありますが、手軽な方法を一つご紹介します。

まず、自分が予知したい質問を書き出してください（例えば、家をいま買っていいかどうか、など）。そして、左手でペンを持って、紙の上に無造作にグルグルと線などを書きながら、その質問に沿って、イエスかノーで答えを出してください。無意識に書いた線の意味を読むという、オートマティック・ライティングとは違いますので、自分が書いた線を分析する必要はありません。左手を使うことによって、右脳が使えるように、サポートしてあげます。

こうすると、自分の期待や感情に邪魔されない答えが出しやすくなります。

選択式の試験を受けるときに、苦しまぎれでカンを使うときは、特に気をつけてください。問題を読んでいる時点で、分析する脳の力が強く作用してしまいますので、直感は妨げられてしまっています。ですから、そんな状態のときに使うカンは憶測の勘です。それに当たってほしい！　という期待がかなり入っています。どうしても答えがわからないときは、しばらく問題から目を反《そ》らして、A、B、C、Dなど、その問題を記号や数字に置き換えてから、何となく光って見えたり、引き寄せられるようなものを選んでください。

もちろん、これが通用するかどうかは個人差がありますが、直感を上手に使いこなすには、私たちの身体がどういうふうに物事に反応するか、知っておかなければいけないことに気をつけてください。

たとえば仕事や恋愛の経過に関して、こうなるだろう、というシナリオを、自分で作って、判断しようとするのは完全に憶測です。

直感を使えば、イエスかノーかで決定的な答えが出てきてしまいます。直感で答えが出てしまっているのに、自分の期待する答えと直感の答えが合わないからといって、直感で出てきた答えを無視しようとするのは、自分をごまかそうとしていることなので、自分にとってはマイナスです。たとえノー、という答えが出てきても、どうしてダメなのか、どうしたらイエスになるのか、それとも本当にあきらめたほうがいいのか、さらに直感で聞いてみてください。

人生には割り切れない答えがたくさんあります。ですから何に関しても、こうじゃなきゃイヤだとか、ダメだとかいう考え方は通用しません。人生を観じることができるというのは、その場の状況や自分の状態から、その時々に最もふさわしい答えを選べるように、真実を感じとって判断するということです。自分で勝手に期待をして、その通りに事を運ばせようとしても、無理なものは無理です。自分に可能な限りベストを尽くすには何ができるかを観じれば、自分に最良の方法が向こうからやってくるのが見えるでしょう。

自分に与えられた最高の素質を観じて、それを最大限に活かすことに専念すると、天命を果たす道が開かれます。そのために私たちには直感が与えられているのだと思います。未来が観えるはずだと信じて、感じて、観じとってください。

Chapter 2

「仕事」は、あなたに与えられた人生の使命です

仕事を通して自分のいちばん良いところが発揮できるようになると、魂の透明度が増します。好きな仕事ならなおさら、嫌いな仕事をしているときでも、魂の持ちようで自分の良いところを全面的に出すことができます。一生懸命に仕事をする自分の姿を見て、やる気を起こしてくれる人がいたり、仕事を通して人に奉仕することで喜んでもらえると、あなたも幸せを感じて、魂がどんどん透明になっていきます。仕事は文字通り、「仕える事」で、この仕えるというのは、人に自信と安心を与えて、幸せをもたらすということです。魂的に観ると仕事に階級はありません。澄みきった魂で仕事ができることが最も大切です。魂が曇ってしまうと、いくらお金を稼げても幸せを感じられなくなってしまいます。

Rule 1

仕事のやる気がどうしても起きないときは小さな夢を叶えましょう

もともと自分の仕事が好きだった人でも、時にはやる気を失ってしまうことがあります。魂が仕事からそっぽを向いてしまっているのです。何が満たされていないのでしょう？

どんなに努力しても正当な評価をされていないと感じているのでしょうか。それとも仕事に精魂尽くしすぎて、心身共に疲れ果ててしまったのでしょうか。仕事をするうえでの目的は何だったのでしょう？　その目的が果たせていますか？

それとも、とてもじゃないけれど目標に到達できそうにないと実感して、ガッカリしてしまっていますか？　そもそもやりたい仕事ができていますか？　その仕事に就こうと決めたときに持っていた目的と、今の人生の目的は同じですか？　もし変わってしまっているのなら、その新しい目的に向かう準備を始めましょう。

「昔はあんなにやる気があったのに」。ある時期から、仕事をやり尽くした感じがする人もいます。将来のために新しい種まきをする必要を感じているからかもしれません。

今から何がやれるでしょうか。または何がやりたいのでしょうか。

やる気が出る仕事に転職できれば一番よいのですが、すでにやりたいと思った仕事に就いていたり、転職したばかりだったり、たいしてやりたい仕事がないなど、今の仕事をすぐに辞めるわけにいかない場合があります。

そんなときは仕事のほうはとりあえず現状維持のままで、私生活など比較的変えやすいところから充実させましょう。あなたの人生はこの先もまだまだ続いてゆくのです。一生追いかけ続ける「夢」があるでしょうか。

魂が遠くの目標を見つめているときは、「今日も頑張ろう」と自然に元気が出るものです。

元気がない、やる気がない、その直接的な原因は、一時的に夢を失ってしまっているからで、どこまでも過去をさかのぼって、今までに抱いた夢を思い出してください。誰にも「叶えきれていない夢」があるはずです。今世でそれを少しでも実行するべきです。趣味のレベルでもいいので、真剣に取り組んでみましょう。

勉強や習い事など、今まで常に挑戦したかったのに、できていないことに、片っぱしからチャレンジしてみましょう。

お料理、フランス語、インテリアデザイン、歌や踊り、演技、脚本制作、ビジネス・プランなど、何でも「やってみたかったこと」にトライして、その費用を〝仕事〟で稼いでいると思えば、とりあえず働き甲斐が出てくるはずです。

趣味に時間とお金を投資して、「今の仕事があるから私の夢を支えられる」と思えるようになれたら、また一歩前進したという証拠です。

新しいことや、難しいことに挑戦しているとき、人の生命力は活性化し、その人が輝くのです。そうやって頑張っていれば、いつか趣味として始めたことがキャリアチェンジのきっかけになったり、転職する勇気が湧いてきたり、仕事が苦にならなくなったりするはずです。

この次に転職するときは、本当に自分で納得できる仕事に就かなければ、わざわざ転職する意味がありません。いつまでも同じことをくり返して空回りするのは、自分が苦しむだけだと痛感したら、方向転換の準備をしてください。どんな状況でも毎日「生き生きと生きる」ことが大切なのです。夢を持つことで、魂に希望の光を注ぎ込みましょう！　次の目標が見えたら、今の仕事にも「やりがい」や、さらに学べることが出てくるでしょう。

私たちは人生を通して魂を磨くために生きています。仕事は魂の修行の場として大きな意味がありますが、**何よりも大切なのは「仕事そのもの」以上に、「仕事を通して何が観られるようになるか」、「何を観じる（感じる）ことができるようになるか」**です。

これは人間として成長するために、仕事を通して、どれだけ魂的な意味を発見できるかです。その発見のクオリティーによって、人生のクオリティーが、大きく変わってきます。仕事で業績を上げても、人生の美しさを感じられなくなってしまっでは、意味がありません。仕事のやる気が起きないときは、仕事を通して魂を磨くことについて考えてみてください。

自分は仕事をしてお金を稼いで、それをただ欲しいものに使うだけの消費者人生を歩んでいないかも、気をつけてください。やる気が起きないのは、魂が枯渇して虚しくなっているからかもしれませんから。

「自分が本当にやりたい仕事」を、魂はわかっています

今やっている仕事が自分が本当にやりたいこととは違うのではないか、と迷いを感じるときは、やはり魂がやりたかったことと、違うことをしているのでしょう。まず本当にやりたかったことは何か、なぜそれをやっていないのか、途中で何をあきらめたのか、なぜあきらめたのかを考え直してみましょう。

私はサイキック・リーディングでたくさんの人たちの人生を見てきましたが、**多くの人は2年周期くらいで人生の軌道修正期がやってきます**。

ですから例えば、２年ごと過去にさかのぼってみて、何か本当にやりたいと思ったことはなかったか、それがどうなったかを考えてみてください。または今から2年以内に、やりたいことができるようになれるように、計画を立ててみましょう。

本当にやりたいことと違う、とわかっていながらする仕事は、生活のため、たま

たま見つかった仕事であるとか、確実にお金を稼げる仕事であるとか、雇用制度が安定している等、経済的や精神的に安定するために選んだ仕事でしょう。「本当にやりたい仕事」と思っていたのに、それがあくまでも憧れのイメージで、実情は全く違う場合もあります。それについても、真相はどうなのか、さらに検討する必要があるでしょう。

魂の視点から観ると、どんな仕事をしていても、魂さえ磨かれていれば正解です。仕事をすることで自分の責任感や忍耐力が鍛えられて、自分が成長できれば、何をやっても魂が磨かれます。**仕事というのは、人に仕える事です。**自分の魂が「この仕事で人々に仕えていきたい」と思えることが、自分が本当にやるべき仕事だと思います。

人に仕えるというのは、どんなレベルのことでも謙虚さと努力が要求されますし、どんなに興味のない仕事でも、完璧にやろうとすると、いろいろな工夫が必要です。こういった努力の積み重ねやチャレンジ精神は、後々自分の実力として残ります。

どんなに小さな仕事にも創造性を見つけられる人は、それを大きな仕事へとつなげていくチャンスを作れる人だと思います。

自分の夢をギブアップしてしまうことで、希望を失い、魂に陰《かげ》りがさしてしまうと、純度の高い幸せからは遠ざかってしまいます。ですから、どんなときも「自分がやりたい仕事」に近づけるように努力してください。

「やりたいけれど、まだできていない仕事」は、高度な技術を必要としたり、仕事自体が少なかったり、運を要する仕事であったり、そう簡単に就ける仕事ではないということでしょうが、ライフワーク、一生の課題として、どこまでもあきらめずに、理想に近い仕事をするキッカケ作りに励んでください。そうやって努力を重ねるうちに究極の天職にめぐり逢えるはずです。

イメージから憧れたとか、人の成功を見て憧れたとか、親の影響でやりたいと思ったとかいう理由以上に、自分の魂が、「この仕事で人々に仕えてゆきたい」と感じる仕事を見つけるまで頑張って、求・天職活動をしてくださいね。

Rule 3

天職とは、あなたのミッションです

天職とは、字の通り「天の職」です。「天に与えられた職」そして「その職を通して、天の投影のような存在になれる」そんな仕事です。

「天に仕える仕事」と考えてください。天に仕えるというのは、宗教職の方だけに限られたものではありません。天というのは私たちの命の仕組そのもの、存在そのもの、宇宙の存在そのものと考えていただければよいと思います。

天に仕えるというのは、こうしてこの世に生まれてきたからこそ与えられている、人間としての可能性を奉仕するということです。魂の視点から観ると、どんな職種でも天職にできるはずです。もちろん私たちには向き、不向きがありますし、好き嫌いもありますから、自分の適性に合ったものを選びます。

天職に就くと、自分の良いところが自然と出てきます。

その仕事をしていると、ミッションのようなものを感じて、どんなことも苦にならない。その仕事を通しての経験、感動、充実感などはお金には代えられない。自分のいちばん良いところが伸ばされていく感じがする。この仕事ができて幸せだと心から感謝できる。いつもチャレンジしていたいという気になる、この仕事を通して人に役に立ちたい、人を幸せにしてあげたい、助けてあげたいと素直に思える。他の仕事に就くことなど考えられない。仕事をこよなく愛せる。そんな感触を与えてくれる仕事は天職といえるでしょう。

天職に就くとき、疑いなくこの仕事が天職と判断できるサインがあります。

例えば、別に前もって決めていたわけじゃないけれど、いつの間にかその仕事に就いていたり、その仕事に就くだろうと、いつの間にか思っていたり、その仕事以外は考えられなかったり、特に希望していたわけではないけれど、自然にチャンスがまわってきたり、先祖代々受け継がれてきた職業で、生まれたときから定められていたり、何となく好きで始めたら、すんなり道が開けてしまった、などです。

天職に就いている人はどんなに苦労が多くても、他にやりたい仕事など思いもつかないものです。天命と思って、どんなに困難でも、何度転んでも、最終的には道が開き、どんなに大変でも、夢が膨《ふく》らんでいくものです。

たまたま運よく、ある仕事について、それが思いもよらない成功につながることもありますが、それが必ずしも天職とは言えません。思わず成功した人にも、その成功をいかに天に還元するか、その成功でいかに多くの人に「天の光＝幸せ」を届けられるか、というミッションがあると思います。その成功をすべて自分のエゴ＝自尊心に投影してしまうと、天命は達成できません。

自分の成功を自尊心に投影して見せびらかすと、自尊心に飢えた欲深い人々を魅了してしまいます。そういった人々は、お金や自尊心のカケラが欲しくて近寄ってきます。成功者を心から尊敬しているわけではないかもしれません。どんな強運な成功者もそういう人々に囲まれてしまうと、お金や自尊心を貪《むさぼ》られてしまいます。

成功を天に返すつもりで、お金でお金以上のものを人々に与えようと努力できる人は偉大です。

「天のような存在の人」は、その人がそこに存在するだけで周囲の人々に生命力を与えられるような、周囲の人々の気持ちが洗われ、きれいで率直に希望をもって生きたいと、ポジティブな考えにさせてくれる存在感のある人です。その人の生き方そのものが、すべてにおいてポジティブだということです。

職種は何であれ、そういったポジティブなエネルギーを仕事を通して多くの方々に分け与えてあげられる、自分にそんなチャンスを与えてくれるのが天職だと思います。

Rule 4

どんな人間関係も半分は自分のせいです

仕事上、大嫌いな上司や合わない人と一緒に仕事をすることもありますよね。

大変なチャレンジですが、最終的にその上司との壁が破れたら、人として自分自身の歴史上で革命的な成長を遂げることができたということでしょう。

「嫌いなタイプ」や「苦手なタイプ」の人との人間関係を乗り越えることで、より完全な自分になれるのは確かです。

それでも魂優先で生きていると、自分に合わないタイプの人や環境には寄りつけないくらい拒絶反応を示したり、人生の課題や、魂のレベルが違いすぎて、どんなに好意を持って近づいても、平行線状態のままというケースもあります。

苦手な人は好意で避けてあげるのがいちばん健全なこともあります。

職場には、いろいろな魂レベルの人々が生活のために集まってきていますから、ここでの魂の目的は、いかに困難な状況でも、いかに幸福度の違う人々と一緒にいても、仕事という共同作業を通して、魂を磨いていくということです。どんな苦手な相手にも愛情を持って接してあげることが課題となっています。

STEP 1 相手に安心してもらう

なぜか好かれない、受け入れられない、認めてくれない、拒絶されているような感じがする上司や同僚と、どう付き合っていけばいいのでしょうか。

まずは安心してもらいましょう。自分は敵ではないし、最善を尽くす努力をしようとしていることを、わかってもらいましょう。相手が機嫌悪くても、「おつかれさまです」「元気ですか」と明るく声をかけたり、あっちが機嫌悪くても、こっちは全然気にしないという姿勢でいましょう。

本当に気にしなくていいのです。機嫌悪い人には笑顔で対抗してください。機嫌悪い人に怒鳴られたりしたとしても、自分のせいではないと思ってください。怒鳴る人のほうがおかしいのです。自分のことを受け入れてくれない人には、その人なりの理由があって、人付き合いが苦手なのかもしれませんし、あなたのことが本当に理解できないのかもしれません。

好みのタイプじゃないからと、避けられたりしても、それはお互い様ですから、気にしないでください。そういった居心地の悪さは、スルーしてしまいましょう。苦手な相手との人間関係も、半分は自分のせいですから、苦手な人をさらに居心地悪くさせるよりは、安心してもらえるように工夫してください。ポジティブ100パーセントで、さらっと接することを繰り返してみてください。相手のネガティブなところは、スルーでさっと捨ててしまいましょう。この人いい人なんだな、と思ってもらえれば、とりあえず安心してもらえるでしょう。

STEP 2 受け入れる

なぜその人が苦手なのか考えてください。

基本的には、自分の自尊心を傷つけるようなことをするから、相手を嫌いになってしまうのだと思います。人の自尊心を平気で傷つけられる人は、本人も自尊心をズタズタに傷つけられてきているのです。

私たちは子供の頃から進学受験など、自尊心を叩き台にして生きてきています。ある意味では自尊心なしには出世は望めませんから、その競争の過程で、自尊心を引き裂かれてしまうこともあるでしょう。

あなたの嫌いな上司は、自尊心を傷つけられても、口応えもできないような環境で育った人かもしれません。ストレス過剰で破壊的になっているのかもしれません。

まずはあなた自身の自尊心が攻撃されないように守ってあげてください。自尊心は心の奥底の安全なところに持ちましょう。プライドやフラストレーションはぐっと心の奥にのみこんで、自分の言い分よりも相手の考えていることを優先して考えましょう。

自分ばかりがガマンするということではなくて、最終目的は、やはり少しでもその上司と魂の接点を持てるようになることだからです。ここでは「思いやり」という魔法を使います。他人に自分の理想を押し付けることはできませんから、嫌いな上司はそれなりに、そのまま受け入れるしかないのです。つらいかもしれませんが、相手を「変えよう」とするより、「受け入れよう」としてください。そのちょっとしたあなたの心が「関係」を変えていきます。

STEP 3 行動パターンを研究する

上司の行動パターンを研究しましょう。そして、上司が苦手そうなことは最初から頼まないとか、カバーしてあげるとかするのです。

無理なお願いをするときは、自分なりに対策方法をいくらか提案できるようにしておく。話を聞いてくれなかったり、忘れられてしまう場合は、文面でアプローチする。いつも振り回される場合は、振り回されないように、前もって予想を立てるなどです。これらはすべて自分が仕事で結果を出すため、そして上司との人間関係に自分のモチベーションを破壊されないようにするためですから、ムダな努力にはなりません。

魂を磨くためには、「あきらめない」ことが大切です。
どんな最悪な状況でも愛情と尊敬を忘れないでください。

どんなに追い詰められた状況でも私達には必ず2つの選択肢があります。

それは「幸せ」か「みじめ」かのどちらを選ぶかということです。愛情を持って接するか、愛情なく接するか。憎むか憎まないか。みじめにならないためには、愛情を選ぶしかありません。愛情を選べば、必ず幸せにつながります。

たとえ相手があなたの愛情あるアプローチに反応しなかったとしても、周囲の誰かがあなたの努力をわかってくれるでしょうし、最悪の場合、たとえ自分が会社を辞めることになっても、「自分は努力を重ねた」という自信を持って次に進めます。それだけ努力できる自分が、もっとよい環境で頑張れば、もっとよい結果が期待できるでしょう。

しかし何の努力もせず、モチベーションを失った状態で退社してしまうなら、また同じような人生のパターンをくり返してしまうことになります。すると「嫌いな人」を乗り越える試練がずっと続くかもしれません。いま、あなたは試されているのです。次のステップにいける人間かどうか、ということを。

魂の声が聞ける人は、魂レベルでお付き合いできない人を極力避けられます。そして魂の絆の持てない人に影響されることはありません。「嫌いな人」から何を言われても、何も感じなくなります。

上司でも同僚でも、嫌いな人と仕事をしなくてはいけなくなったら、自分の魂の声を聞いて行動判断してください。魂の視点から本来どうあるべきかを観れば、相手の言動の意図がハッキリ読み取れて真相がわかるので、迷うことも影響されることも避けられます。どんな辛辣《しんらつ》な言葉も自分の自尊心や魂に影響を及ぼさなくなると、何も恐いものも失うものもなくなります。

愛情をもって柔軟に対応する努力ができれば、最悪の状態でも必ず何かを得られると実感できるでしょう。苦手な人や環境に接するときは、自分らしさと自分の信念で行動してください。自分の器量や限界などもはっきりして、「やれることはすべてやった」と思えたら、魂的には満たされるでしょう。

Rule 5

頑張っても、頑張っても誰も認めてくれないときは自分で自分を認めて信じてあげることです

頑張っても、頑張っても誰も認めてくれない。あるんですよね、そういうことが。

どんなに頑張っても、評価や感想、感謝など、自分の努力に何の反応ももらえない職場は確かにあります。実績を上げて当然で、下がるとクビになってしまう会社もあります。人を羨《うらや》むことはあっても、認め合うということがなかったり、殺伐《さつばつ》とした環境の中で、悲しくなることもあるでしょう。それでもやはり、「みじめ」ではなく「幸せ」を選べるようになりましょう。

頑張っても誰も認めてくれない職場には、野心が強くて自分のことしか考えていない人ばかりが集まっていたり、感謝の気持ちを表現できない人が集まっていたりするかもしれません。

自分だけが成功することを考えている人や、自分独りでは何もできないのに、周

囲の人の能力と努力の結晶の上に、あぐらをかいているような人に、仕えなければいけない場合もあるでしょう。いかにもその場限りといったマナーでしか接してもらえなかったり…。空虚なエネルギーが満ちあふれている場所では、そこに居る皆が不安を感じていることでしょう。

競争が激しく安定性のない職場では、どんなに頑張り続けても永遠に安心は得られません。周囲の人間がいつも自分を出し抜こうとしているのでは…という心配を抱いたままの生活では、強靭《きょうじん》な精神力の人でも、いつか人間としての感覚を破壊されてしまいます。

たとえ人に蹴落とされるような目にあっても、自分で自分を認めてあげてください。こういったときのために「自尊心」があるのですから。「私はこれだけ努力したから、自分ではかなり評価している」と自分に言ってあげるのは、とてもよいことです。

自分で自分の本当の価値が見えなくなってしまわないようにしてください。自分を信じ続けてください。そして自分も他の人を認められなくなってしまわないように、気をつけましょう。

どんなにつらい環境にあっても、人間不信になるなどのダメージを負わないように、自分を守ってください。人間不信になると、どんな愛情を与えられても、それを信じることができなくなります。誰を信じるべきかわからなくなって、どんな可能性もネガティブにとってしまい、自分を助けようとしてくれる人を傷つけてしまうかもしれません。それでは追い詰められたときなどに、自分の突破口を塞《ふさ》いでしまうことにもなります。

魂レベルで付き合っていける、自分にとって意味のある人々なら、どんな過酷《かこく》な状況の中でもあなたの価値を大切にしてくれます。ひとりの人間として、尊い命として、あなたの存在を尊重してくれるはずです。表面的に付き合っている人たちに認められなかったとしても、心を傷める必要はありません。

誰もが評価されない職場では、どんなポジティブなエネルギーもジェラシーの対象になってしまうこともあります。

「頑張っても、誰が認めるわけじゃないんだから！」「仕事なんてやって当然で、褒《ほ》められることを期待するほうがおかしいよ！」という態度で挑《いど》んでくる人は、本人も相当傷ついているのです。あなたが同じように振る舞っては、さらに状況が悪化してしまいますから、逆に相手を褒めてあげてください。愛情を与えることから始めましょう。

それからもう一つ大切なのは、たとえ誰かに褒められたとしても、それを過信してはいけないということです。周囲にどんなに偉大だ、素晴らしいと言われても、その言葉を信じて、厳しい自己評価ができなくなったら、魂にとっての危機です。自分は素晴らしい！　と過信したとたんに、自分は後退しているのだと思ってください。そしてどんなに自分が素晴らしいと思ったことでも、本当は評価に満たない程度のものかもしれませんから、自分の仕事は素晴らしいはずだから、認められるべきだ！　と期待するのもよくありません。

成功した人が、周囲の人にチヤホヤされているうちに、お金や人間関係をすべて奪い取られてしまった、ということがよくあります。誰かの評価よりも、自分で納得するまでやったという、ゆるぎない自信が大事です。

「これだけやってこられたんだから、大丈夫。どこへ行っても仕事ができる。どんな努力もできる」「人に何と言われようとも、私はベストを尽くしている」という確信を持てることがいちばん大切です。

自分の信念に基づいて生きていれば、「出るべくして出るところに出て勝負する」チャンスに恵まれて、今までの努力がはっきりとした成果に現われる日が必ずくるのです。

頑張っても認めてもらえない仕事は、業績を表わす数値が価値判断の決め手になっている職業が多いので、サービス、教育、福祉関係の仕事など、人から直接感謝される職業に転職するのも一つの方法です。

いくら稼げるかよりも、どれだけ評価されるかよりも、好きだからベストを尽くしてやれる仕事というのは、経済的にリスクを負ったとしても、精神の充実感を得るための代償だと思えば納得できるでしょう。

銀行員からシェフになったり、広告代理店経営者から気功師になったりと、その人にとっての「やりがい」を求めて転職し、さらに成功して幸せになっている方々はたくさんいます。信念と愛情を持って挑めば、何でもできるはずです。

いつでも、自分の理想に向かって、コツコツ努力をすることを忘れずにいてください。

自分の努力を自分で認めながら理想的な環境を手に入れるために、前向きな姿勢で生きれば、その報いを勝ち取る日が来るはずです。

何かとハイスピードで、めまぐるしく変遷してゆく世の中、ささやかな感情の移り変わりを充分味わうこともなく過ぎてゆく日々の中で、どんどん無表情になっていかないように、魂の扉を開いてください。

どんなにつらくても愛情の光を放ってください。いつでも堂々と穏やかに笑顔を保てる人には、誰も降参するでしょう。それこそすごい人です！　そんな人になりましょう！　すると誰もがあなたを素晴らしい人と認めてくれるはずです。

Rule 6

なぜかカチンとくる人と仕事をしなくてはいけないなら「大丈夫ですか？」がキーワードです

第一印象でカチンとくる、この直感にハズレはありません。

「カチンとくる」のはまず、相手の不安や恐怖心の現われです。気づかないうちにあなたが相手を威嚇《いかく》するようなエネルギーを出しているか、相手があなたに何かを警戒しているかです。自信がなくてバリアを張っているため、それがトゲとなって二人の空間に飛んでくるのです。

何かカチンとくることがあったら、「大丈夫ですか？」と聞いてみましょう。

この言葉の意味の中には、「何か問題ありますか？」「わからないことがありますか？」「気に入らないことがありますか？」「何かお手伝いしましょうか？」「どうしてほしいですか？」「何か助けになれますか？」「気にかかることがありますか？」など、相手のさまざまな感情を引き出すきっかけになるパワーが含まれています。

相手の気持ちをうかがうことによって、意思の疎通をはかり、相手に安心してもらうきっかけを作ってください。そして、相手の存在を尊重してあげて、自分が敵になるような存在ではないと伝えてあげてください。おだてる必要はないのですが、何か褒めてあげるなど、ポジティブな言葉をかけて、相手が何を恐れているのか探り出してみましょう。

その人はどういう人で、どういうところが自分は苦手なのかを明確に把握していれば、相手が自分の気を悪くするような行動に出る前に心の準備ができますから、相手の行動を感情的にまともに受けることも少なくなります。

カチンと来るエネルギーを飛ばす人というのは、次のような人たちです。

1▼自分のフラストレーションを発散するためにカチン・エネルギーを飛ばす人

こういう人は自分の人生そのものに苦しんでいます。自分の痛みをわかってもらいたくて、怒りや苦しみを周囲の人々にも味わわせるために、不快な言動をします。こういう人に出くわしてしまったら、その人の魂が健康な状態に戻れるように祈ってあげてください。不快な言動をまともに受けて怒ると、自分の健康なエネルギーを無駄にしてしまいます。

2▼ 自分勝手で、自分さえよければいいという人

自己顕示欲をむき出しにして、人を押し退けてまで我が道を行く人は、カチン！とくるエネルギーを武器に、あなたを威嚇《いかく》してきます。そこで気分を悪くしたところで、相手の思うツボ。そんな人は強引に意志を遂げよう、目的を果たそうとして、全く気配りのない無神経なカチン・エネルギーで他の人をコントロールしていますから、その手にのらないようにしましょう。

衝突したときは、話し合うしかありませんが、カチンとくることを言われたり、されたりしたときに、それを上手に指摘することはできますか？

3▼ 表面的にはよい人で、会話をする限りは寛容でも、いざというときにカチンと

くるような行動にでる人

本人の問題や不安が行動に出ているのでしょう。人の行動にはその生き様がそのままでてきますので、きっかけがあれば、それを修正するチャンスを与えてあげてください。

とはいえ、習慣というのは一夜にして直せるものではないので、「悪気はないと思うけれど、とても気になるので…」と、あなたがその人に対してカチンとくる理由を伝えてください。ただし、これは愛情のこもったエネルギーを相手に送りながらアプローチしないと、相手は何かを責められるのかと思ってケンカ腰になってしまうかもしれません。カチンとくるような行動に出る人は自分でもそれを知っているはずだと思います。

相手がどんな人であれ、自分と同じ感覚を持った人間である、という慈悲慈愛の気持ちで相手にのぞみましょう。こうして寛大になれることは、自分にとって何よりのご褒美です。

それでも、カチン・エネルギーに傷つけられたら、自分の清らかで健康な魂の存在を感じてください。自分の幸せとは何か、自分の人生の真意、目的は何なのか、ということを考えましょう。決して相手を恨んだりして、毒気のあるエネルギーが自分の中に湧いてこないように。自分を傷つけた人自身、そんな恨み妬《ねた》みの毒気にやられてしまっているのです。

どんなに努力をして足並みを合わせようとしても、魂の次元がズレている者同士は、どこかで衝突してしまいます。

この魂の次元とは、どれだけ自分の魂との結びつきが強いかとか、どれだけ愛情や自信に満ちて魂が輝いているかとか、魂の透明度とか、そういった魂の状態のレベルだと考えてください。どんなに衝突しても清らかな自分の魂を汚すことがないようにするのが大切です。

自分と相手は魂の次元が違って、愛情の深さや感じる幸福の度合が違っていると理解した上で、根気よく愛情のこもったエネルギーを送り続けてあげてください。

例えば、パステルピンク色の暖かいエネルギーをその人に向かって送ってあげているとと空想してください。パステルピンクは暖かい愛情の色です。その人が目の前にいなかったとしても、その人のことを考えて、そういったポジティブなエネルギーを送ってあげてください。

そうしてカチン！　が止まったときに、いちばん幸せを感じるのはあなたです。

人は愛情によって変わるものだという確信、自信が持てるでしょう。頑張ってください。

Rule 7

会社の女性たちとの人間関係に悩んでいるなら ポジティブなエネルギーを活用しましょう

会社の人間関係がうまくいかないのは、個人の相性の悪さより、ひとりひとりの個人的な不満がさらけ出されて、それが原因になっている場合が多いようです。

仕事に対する不満や不安感は、人生そのものに対する不満や不安につながりますから、それが溜まっていくと、「仕事だから仕方ない」「人生いろいろあるから仕方ない」と自分に言い聞かせても、ふとした拍子に自分でも驚くほどの怒りが込み上げてきて、コントロールできなくなったりすることもあります。

そして、何かと文句を言ったり、物に当たったり、引き出しを乱暴に閉めたり、物を投げたり、意地悪を言ったり、変な競争意識が出てきたり、必要以上に人を批判したり感情的になったり…。私たちは繊細で他の人のエネルギーに影響されやすくできているので、そんな人が一人でもいると、そこから会社全体の人間関係が悪くなっていく可能性もあります。

とても勤勉で、業績もよく、保守的な髪形や服装で地道に努力をしていた人が、あまりにも会社の雰囲気が険悪なので、気分転換に髪を切り、髪の色を明るくして、服のスタイルを変えたら、今まで話もしてくれなかった同僚たちが、急に自分に好感を持つようになってくれて、「人間なんてそんなものなのかと思った」と話してくれました。

きっと彼女が、暗い印象を明るく、ネガティブをポジティブに変えていくのを感じて、周囲の人も変わり始めたのでしょう。それまでは彼女自身のプレッシャーが、同僚たちに威圧感を与えてしまっていて、それに彼女自身が気づいてなかったのかもしれません。

女性は大変繊細で直感力が強いので、善くも悪くも、職場全体の雰囲気が個人に、または個人のエネルギーが職場全体に影響しやすいのではないでしょうか。

例えばインテリアを工夫したり、花を飾るなど、ポジティブなエネルギーの出る職場環境を設定するのはいかがでしょうか。

殺風景な職場環境や殺伐としたコミュニケーションは、ネガティブなマイナスのエネルギーを生み出します。マイナスのエネルギーに影響されると人の心は閉じてしまいますから、愛情をもって、和やかな雰囲気の空間で仕事ができるように環境を整えて、ポジティブなエネルギーを生み出しやすくできれば理想的です。

エネルギーをポジティブにするメディテーションをするのも大変効果があります。

グループで左手を上に、右手を下に向けた状態で手をつないで輪を作って目をつぶります。自分たちの身体から手を伝ってポジティブなエネルギーが湧き出ては、左手から右手へ、その輪をまわっていくような様子を想像してください。エネルギーが湧き出て輪の中をグルグルッと回って、その後サーッとそれが静まるまでに最低5分くらいはかかります。時間があれば1時間でも可能ですが、仕事前や休憩時間を利用するならアラームをセットして10分以内のメディテーションをするとよいでしょう。慣れてしまえば気恥ずかしいこともありません。

皆のエネルギーが向上して元気を出すのに効果抜群ですから、やってよかったと思っていただけるでしょう。これは魂が愛情で満たされた結果です。

女性ばかりの職場が苦手だという人は、女性特有の感情を共有する付き合いが苦手だからでしょうか。女性同士で競争したり、他の人と差をつけようとしたり、そんなことがありがちなようです。過剰に比較してランク付けしたり、批判したり、嫉妬したり、変な噂を流す人がいたり、ツンツンして嫌な感じの人がいたり、自分にとって有益かどうかで判断されたり。でもこれらはサバイバルのための価値判断で、魂的なつながりがないということです。サバイバルの職場で、同僚と生き残りをかけて競い合うのでは、居心地悪くなるはずです。

「女同士だから、気を遣わないでやりましょう」という発想が悪く作用して、お互いに自分の考えや感情を押し付け合うことになったり、女同士だからわかるだろう、と相手をあてにすると、過剰な期待がコミュニケーションエラーを生じてしまうかもしれません。女性同士でも、物事の捉え方や表現の仕方は人それぞれですから、説明を怠ると、伝わらないことがあるのです。

また、女王さまのように、同僚たちを服従させないと気がすまない女性もいます。これはかなり困りものです。それに合わせていると事態が悪化しますから、必要以上にコントロールされないようにしてください。

女性同士だと、異性に対する遠慮のようなものや、異性との間にある自然なギャップが感じられにくいのかもしれません。

女性同士で、同じタイプのエネルギーを感じられるかどうか。それで合う合わないが出てくるのは仕方ないとして、それを私的に捉えて、自分が悪いんじゃないかとか、嫌われているんじゃないかとか、悩まないようにしましょう。

合わない人とは、魂的につながっていないということですから、同じ職場で働いていても、友人として将来性はありません。好意的に接してくれているように見える人が、裏であなたにとって不利なことをしていたり、あなたを利用しようとすることもあるでしょう。結局は自分のことで精一杯なのでしょう。これは女性の「忘れない」性質にも影響されているのでしょうが、あれこれ気になりすぎて妄想症になってしまうと、職場で周囲の人が自分をどう思っているかが気になって、仕事も手につかなくなってしまいますから、ネガティブな考えに執着しないようにしてください。

また女性は、生理の前後にイライラしますよね。これは仕方ありませんから、上手に付き合っていきましょう。常日頃からストレスや不安感を溜めないように、生活環境や食生活を充実させるように心がけてください。

イライラするからといって、お酒を飲んだり、甘いものを食べすぎると、翌日になって何か調子が悪い、何かと悲しくなるなどの症状が出ることがあります。これはストレスを癒そうとして口にしたものが、自分に悪影響を与えてしまっているのです。そういった小さなサインにも気をつけてください。

どんな運命も、意志には勝てません

雇用条件がどんどん不安定になっている世の中で、転職したくてもなかなかできない…と悩んでいる人が大勢います。「派遣で綱渡り」が当たり前の時代になったいま、それに不安を感じるのではなくて、波に乗るように、チャンスに乗っているとイメージしてください。転職を重ねている人は、不安定に感じるかもしれませんが、それだけチャンスが回ってきているということなのです。いつか理想の仕事に就くと信じてください。

どんな運命も強い意志には勝てません。

そして一回の転職で自分の理想にピッタリな職場が見つかる、という期待はしないで、最初の転職は単に今の現状を抜け出すためでもいいでしょう。

「何度転職してでも、自分の夢を果たすために頑張る」という体力と精神力がないときは、転職活動は避けることです。勢いよく仕事を辞めても、次の仕事を探しているうちに精魂尽きてしまって、また妥協して、とりあえず見つかった仕事に就いてしまうことになりかねません。現状から逃げるための気分転換に転職をくり返すと、それで疲れてしまうこともあります。

自分の望みとピッタリ合う仕事が見つからず、一時的に生活を支えるための仕事に就いたとしても、本当の目標がわかっていれば、それを見つめて前進してゆけばよいのです。

人生の新しいドアを開くとき、入り口はどんなレベルであれ、出口さえ目標に近ければよいのです。目標に忠実に生きていれば、必ず納得のいく出口が見つかるはずです。夢や理想も変遷してゆくものなので、最終目標もいつどう変わるかしれません。たとえ本当にやりたいことがわからなくても、その時々に観えている理想を追いかけていけばよいのです。何でも本当にやりたいかどうか、わかるまでやるのも有意義なことです。

どんなに困難な状況の中でも、自分を信じて解決策を探せば、天の光がさして必ず道が開ける。人生はそのようになっています。どんなに期待しても、努力しても、時が満ちていなければ何も起こらないこともあります。それを待つかどうかは、自分の選択です。

ですから「どうにもならない」という状況でも、焦らなくても大丈夫です。こういうときこそ、魂の指示を頼りに奇跡が起こせるかもしれないのです。

決死の覚悟で転職して成功している方々は、今転職しなければ後がない！という焦燥感や危機感に後押しされて、とにかく最悪の場合はアルバイトでも何でもする覚悟で、人生の濁流の中に飛び込むような勢いで会社を辞め、一転二転したあげくに、思ってもみなかったような理想の仕事を手にされています。それくらい真剣に望めるようになるにも、何度も失敗して意地にならないといけない場合もあります。

「何とかなる」という、現実的には何の裏付けもない、信念のみで人生を切り開くしかないときは、自分の魂が後押ししてくれているのです。自分の人生はこんなもんじゃないはずだと感じたら、全身全霊を捧げて、とにかくチャレンジすれば、必ずその報いが受けられるはずです。天に願ったことは必ず叶えてもらえます。

そのお祈りは、的確なものでなければいけません。オンラインでショッピングするときのように、自分のインフォメーションを天に与え、自分の希望の商品を購入するように、狙った仕事をオーダーしてください。自分がそれに対するプライスを払えるかどうかで、手に入れられるかどうかが決まってきます。

プライスというのは、与えられた仕事に忠実に仕えることができるか、その仕事を自分の勝手な判断で無駄にしないか、ただラッキーで手に入った仕事だと勘違いしないか、望んだ仕事を与えられたことに感謝できるか、チャレンジできるか、などです。

念願叶って競争に勝って、高度な仕事に就けたのに、そのプレッシャーに潰されてせっかくのチャンスも無駄にする可能性もあります。何となく思ったことがそうなった、というのは無意識に望んだことが実際に起こった、与えられたということで、自分でもそれに対応する準備ができていたからなのです。自分が準備不十分なことは、どんなに願ってもなかなか実現しません。

自分の使命としての仕事が何かわかっていながら、それと全く違う仕事に就いた人が、突然失業することがあります。そんなときは天が「本当にこの仕事がしたいのか?」と聞いています。必ず正しい出口が見つかると信じて、それを探してください。「あのとき失業してヨカッタ」と思えるくらい、使命感を感じられる仕事に就ける日が来るでしょう。

転職したい気持ちにウソはありません。次に何をするかがハッキリしていれば、準備を始めてください。直感で転職できそうな気配を感じるのは、魂があなたを見込んで人生の冒険に導いてくれているということ。転職してもきっと大丈夫です。

Rule 9

仕事か結婚、どちらを選ぶかで迷ったときは ここに「答え」があります

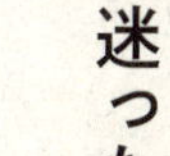

私は、今の時代は仕事も結婚も両立するのがいいと思うのです。

専業主婦になりたいか、結婚しても仕事を続けていきたいかは、魂的にはっきりとわかっていらっしゃる方が多いと思います。

働きたくないから結婚して楽になりたい、自分はキャリア志向じゃないから結婚する、結婚生活に束縛されずに独りで自由に生きたいから結婚しないとか、よくこういった理由で、結婚する、しないを決めそうになってしまいますが、結婚もキャリアも自分のアイデンティティーの一部で、それが両方ないと自分らしく感じられない人もいます。私たちの結婚に対する気持ちには、もっと奥深い裏付けがあります。

ここで、私たちが結婚か仕事かのどちらかを選ぶと必ず出てくる、「ないものねだり」な心境についてふれておきたいと思います。

仕事だけに生きることを選んでも、ときには結婚している人が幸せそうで、うらやましくなるものです。仕事の世界では身軽な独身者が重宝されたり、独りだからこそ、時間も労力もすべて捧げて頑張れたりもするのですが、仕事に疲れ果てたときに、ふと淋しくなることがあります。

どんなに夢や野心があっても、自分独りだけの喜びのために生きていくのがつらくなるときもあります。そんなときに自分の存在をあてにしてくれる子供がいれば、励まされるでしょう。「子供はいらない」とは思っていても、本当に家庭と子供を持たなくていいのかと悩んだり、一生独りでいると老後はどうか…と考えてしまうものです。

仕事だけに生きたいと考えてしまうのはなぜでしょう。

仕事がいちばん大事と思うのは、お金があるのが一番安心だからです。家庭や子供で絶対に苦労したくないという恐怖心があるからかもしれません。

確かに子供を持つと、時間的にも経済的にも自由がなくなります。でもそれが不幸だとも思わなくなるのです。日々の子供の成長から感じられる幸せは、お金に代えられないものです。私は暗黒の子供時代を過ごして、結婚も子供もいらないと思っていましたが、出産適齢期が終わるのを感じて、急に自分の家庭が欲しくなりました。今となっては、子供のいない人生は考えられません。独身時代には想像もつかなかった幸せを与えてもらっていると思います。

仕事がいちばんだと考える人は、結婚することで仕事が思う存分できなくなると、自分の可能性を発揮できない気がしたり、仕事で認められなくなると、自分のアイデンティティーがなくなると感じるからでしょう。社会的なステータスを築くことが、愛情の代償となってしまっている人も、家庭を築くことにあまり意味を感じないかもしれません。

仕事だけのために生きるという選択をする人は、「自分が親になる自信がない」とか「こんな世の中に生まれてくる子供はかわいそうだ」「経済的に大変だから」「自分自身が子供時代を充分楽しんでいないから」「自分は子供時代から、親代わりになって家族の面倒を見てきたから」等の理由だけで、結婚をしない、子供を持たないと決めるのは避けてください。「できれば結婚したい、子供が欲しい」という気持ちを、どこかで押し殺しているかもしれないので、本当にそれでよいのか、再度確認する必要があるでしょう。

結婚を選んだ場合、幸せな家庭を築くために、自分の人生を奉仕する喜びや、充実感を得られます。でもいったん仕事を離れてしまうと、社会人としての自分の価値や可能性がなくなってしまうような気がするのも確かです。キャリアからは遠ざかってしまって、経済的な自立の道を閉ざされて、全く自信を失ってしまう人もいます。そうなると仕事をしている人がうらやましくなるでしょう。

こんなふうに、どちらかを選ぶのは難しいものです。

魂の視点からすると、その人にとっていちばん自分らしくなれる環境はどれかによって「専業主婦向き」なのか、「仕事と両立派」なのか、「仕事一本やり派」なのかが決まってきます。

魂は自分が一番自然にいられて、幸せを感じられる環境を選んでくれます。そうすることで、まっすぐ物事をとらえ、魂を磨くことができるからです。魂が磨かれているということは、純粋な自分でいられるということです。

もうひとつ考えさせられるのが、この世に生まれてきた魂の目的についてです。幸せな家庭を築きたい、親になりたいと思うのと、仕事だけに生きたい、子供はいらないと思う理由に、今世の経験だけではなく、前世も影響しているのではないかと感じたりします。

前世で聖職者だった人が、今世でも子供を持つかわりに社会に貢献したいと思われるとか、今世で親の苦労を見て、子供は欲しくないと思うとか、逆に、子供が欲しくないと思う原因を取りさるのが今世の目的だとか。

子供はいらない、仕事だけに生きたいと、家庭を持つことを拒む人にも理由はいろいろあると思います。とにかく自分の課題や現実から逃げるために結婚する、しないを決めてしまわないように気をつけてください。自分の今世での課題、自分が乗り越えなければいけない問題が、いかに自分の結婚に対する気持ちに影響しているかを考えてください。

Rule 10

仕事をしながらいつ子供を産むか、を悩んだら…それを決断する魂からのサインがあります

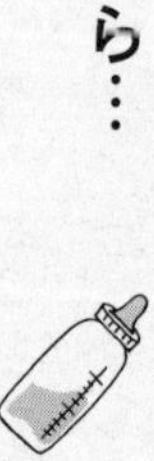

仕事をしている女性がぶつかる大きな問題のひとつが、出産でしょう。

25歳から35歳くらいの、仕事に手応えを感じられるようになる時期と結婚・出産適齢期が重なるからです。出産のためにいったんキャリアを中断するのも不安ですよね。その後満足のいく条件で、仕事に復帰できる保証はありませんから。とはいっても、高齢出産可能な上限ギリギリの年齢まで仕事をしてから子供を持とうするのも、妊娠の弊害や、子供が生まれてからの自分の体力や年齢のことを考えると、また不安でしょう。

若いうちに子供を産んだほうがよいと言われても、20代前半で育児と仕事を両立させるには、家族のサポートなど、かなり運良く環境が整っていなければ無理でしょう。

結論としては、いつ産むのも大変です。それにタイミングよく子供の父親に出会

えるかもわかりません。

私は、子供をいつ産むか、いつ親になるかは、魂とDNAに誘導されていると思います。自分が親になる覚悟ができたとか、パートナーと一生一緒にやっていける自信ができた、などの状況とはまったく関係なく、子供が欲しくなることもあるのです。

「この人の子供だったら産みたい」と感じるとき、まるでサバイバルのためのDNAの仕業で、このパートナーの肉体を借りれば、自分の肉体が改善補強される、とDNAが知っているのではないかと思えるくらい、自分の欠点を補って調整できる体質の人が現われると、強く惹かれてしまう傾向があります。

そうやって、私たちの魂と肉体そのものが、相手を選び、子供を産むタイミングを決めてしまうような印象があります。

大切なのは魂の声、直感を信じることです。子供が欲しいと感じたら、子供を持つ心の準備に取りかかりましょう。

子供の父親選びは、「この人かな」という直感を感じるものです。どんなに他の人と比べても、どうしても、その相手に気持ちがいってしまう場合は、それが「答え」です。

結婚して子供が欲しいけれど、相手がなかなか見つからない人は、天に母親になる覚悟を告げ、将来の子供の魂を呼び寄せてもらいましょう。そしてその子供の魂に問いかけ、お父さんを選んでもらいます。これは里子をもらう場合も同じです。自分の人生を捧げ、魂の分身として、共に人生を歩む子に出会えるようにお祈りしましょう。

お祈りは叶うまで毎日続けてください。そして、相手が現われるのを待つだけでなく、出会いを求めて出かけましょう。「発見」されるためには、「出現」しないといけないのです。自分がいちばん心地よく感じる環境で、最高に輝いているときに、出会いを求めるのがよいでしょう。自分が生きるべき道を歩んでいるときに、出会うべき人に出会うはずです。

魂の世界の価値観から観れば、**子供を育てることで、魂が磨かれることが大切なのです。**

出産というプロセスそのものが、キャリアを積むこととは全く別の次元に存在しています。新しい魂、命を創り出すということと、仕事で成功するということは、似通った達成感、充実感がありますが、魂的には、「無条件の愛」と「条件つきの情熱」という違いがあります。

子供を産むには年齢制限がありますが、仕事は一生を通してのこと。ですから子供は産める間に産む、という自然の法則に沿うしかないでしょう。出産してから、仕事のことは後から考える。それでいいと思います。

子供を産む不安を乗り越えると、人生そのものに対する不安や恐怖を乗り越える強さを与えられます。子供の誕生と共に、その子のためにすべてを捧げる、親としての新しい自分が誕生します。

親になる決心をしたら、まず子供の幸せを優先する。

親になる覚悟ができたときに産めるのがいちばんなのですが、そうでなくても、子供に感謝して、子供を産んでからの自分のあらゆるチャレンジに、醍醐味を感じられるように、強く生きたいものです。

魂レベルでの親子の幸せを手に入れるためには、親になることで、新しい魂をこの世に迎え、その新しい魂と向き合いながら、お互いに魂を磨きあえる暮らしをする。魂が満たされて輝いている人は、いつ仕事を中断して子供を持っても、必ず新しい道が開けるはずでしょう。

Rule 11

「働く」ことは、生きることです

自分の人生を最大限に生きるためには、自分の持つ能力のすべてを、最大限に活用して、より多くの人のために役立てるようになるのがいいと思います。

たとえば私はボイス・トレーナーやサイキックの仕事をしていますが、これらは自分に役立った方法を、惜しみなく人と分け合おうとしたことから始まりました。どんなに勉強しても、それで役に立てないと、もったいないと思います。

「働く」ことは、「生きる」ことです。働くことで自分の能力を最大限に活用できれば、最大限に生きられて、さらにそこから伸びていけます。私たちは働くことで自信を持てたり、人から必要とされることで、自分の価値を感じます。

ですから、働けなくなったり仕事を失うと、経済的なダメージ以上に自尊心が傷つきます。仕事は文字通り、「仕える事」です。自分の能力を他人に奉仕するということです。人に「安心」と「自信」を与えるのが仕事だと思います。

どんな仕事でも、依頼主が安心でき、自信が持てるような結果を出せれば、お金につながります。そのためには、自分も安心と自信で提供できる仕事をする。自分を伸ばしてくれる仕事、可能性を見せてくれる仕事、チャンスとチャレンジを与えてくれる仕事を得ることができると、人生の可能性や充実感も増すでしょう。

一生懸命働いているということは、一生懸命生きているということです。

働くことで自分の生命力を維持し、仕事をすることで天（宇宙）の営みに仕えます。意欲的に働いて、周囲の人々にも「生命力＝意欲」を与える存在になりましょう。仕事でいくら稼いだかというよりも、あなたの働く姿や、あなたの仕事によって、元気づけられたり、インスピレーションをもらったりする人が、どんどん増えることが最も大切だと思います。

人生の軌道修正期

人生の軌道修正期はだいたい2年周期くらいでやってくるみたいです。これは私がサイキック・リーディングの経験から感じるものです。正確にいうと3年周期で、1年目に「きっかけ」や「目標」、「決意」ができて、2年目にそれに基づいて「行動」して、3年目には「結果」が出る。しかし結果が出る頃には次のきっかけや目標、決意ができていたりしますから、この3年目というのは前の周期の終わりと次の周期の始まりが重なっています。こういったことから、自分に目標ができてから2年以内に何も達成できていなかったら、軌道修正する必要があると考えます。

または2年間何もいいことがなかったり、悪いことが続くようなら、軌道修正するべきで、自然に悪い時期が終わることもあります。

自分がいま軌道修正の時期にいるかどうかというのは、「毎日の生活に飽きてきた」「何もピンとくることがなくなった」「やる気がでない」「生活を変えたくなってきた」「物事がうまくいかない」「落ち込む」「転職したい」などという変化を求める気持ちがあるかどうかでわかります。または自分の意志とは関係なく、周りの状況が変わるときもそうです。

特に変わったことも不満もない場合は、無理してそれを変える必要はありませんが、何か新しいことをやってみたい気持ちがあれば、その気持ちに正直に行動してください。2年、2ヵ月、2週間、2日ごとに自分の状況や心境がどう変化するかチェックするのも、自分が理想の軌道上にいるかどうか知るのによい方法です。

例えば、生まれた時点から、2年ずつに区切って人生をみてみましょう。

最初の2年は自分の足で動きまわれるようになるのが精いっぱいです。生まれてから8年、12年くらいの間は自分の意志だけで人生の決断をすることはできません。24歳くらいまでは、それまでの生い立ちに大きく影響された生き方をします。それから36歳くらいまでが自分で選ぶ人生の土台を築くときです。36歳から48歳まではそれをいかに展開させられるかが決まってくる時期で、48歳から60歳までがその結果を見るときでしょう。そして60歳からは自分がそれまでの生涯を通して築いてきたものを世に残し、人に伝えていく時期だと思います。

こうして考えると10代、20代の頃というのは自分のことすらよく知らない時期ですから、自分の人生の軌道も、自分に関わっている周囲の人々の影響が強く、本当に思った通りの生き方ができているかどうかなど、正確に判断できていないかもしれません。親や先生の意見に従ったり、世の中の流行や一般概念に振り回されているだけで、自分の魂の求めるものがわからないまま、進路を決めてしまうこともあるでしょう。それを20代後半から30－40代で自分の本当の理想に近づけるために確実に修正していかないと、50代になると完全に好き嫌いがはっきりし、迷いもないかわりに、嫌なことを我慢する気持ちにもなれなくなってしまいます。無駄なことに使うエネルギーがなくなるからです。すると、善くも悪くも融通がきかなくなりがちで、軌道修正がさらに大変になります。ですから24歳から36歳、36歳から48歳くらいまでの、無駄な努力やエネルギーを費やしても比較的簡単に回復できる時期に、人生を理想に近づける努力を重ねることが大切です。

自分の本当の理想は人生を生きてみないとわからない、というのが真相です。

Chapter 3

「恋愛」がうまくいく人は、この「関係」を知っています

恋愛には目的、役割、タイムリミットがあります。目的は自分をより完成させることで、役割はそのためにお互いに影響を与え合うことです。

そしてタイムリミットは2週間、2ヵ月、2年ごとくらいに周期があって、この周期に合わせてお互いが同じように成長しないと、だんだんズレが出てきて、関係が保てなくなってしまいます。

私たちは恋愛に関しては特に親の影響を強く受けます。男性とは父親との関係、女性とは母親との関係が強く反映され、親からもらった愛、もらえなかった愛、親に与えたかった愛、受け取ってもらえなかった愛情などのすべてを恋愛から得ようとします。恋愛を通して人を無償に愛することで、純度の高い幸せを感じ、魂の透明度が増してゆきます。

Rule 1

片思いばかりくり返す人は、自分を愛することから始めましょう

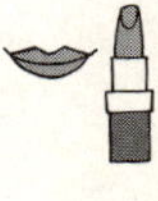

片思いは、本気になるほど、せつなく苦しくなります。自分の中から湧き出る愛情の行き場がないのは大変つらいことです。

愛は受け取ってくれる人がいなければ、フラストレーションとなり、自分の中で空回りしてしまいます。空回りした愛情はジェラシーとなったり、不安となったり、相手のことばかり考えて、何にも手につかなくなってしまったりします。

最初から「絶対片思いで終わる」とわかっていながら、ドンドン相手にのめり込んでしまうこともあります。片思い中は、自分のエゴを優先してしまいますから、すべての判断が自分勝手なものとなりがちです。

「片思いでもいいから好きでいたい」と思うのは、誰かを好きになった幸福感をぶち壊されたくないからです。これは相手を勝手に愛する「勝手な愛」で、「自己

愛」です。

自己愛とは文字通り、自分への愛情で、自尊心や自己顕示欲などはすべて自己愛です。

自己愛で始まった恋愛感情は、自分を満足させるためのものです。相手がどう感じていようと、自分が満足していれば幸せなのです。

本物の恋愛はお付き合いしているという事実上の「関係」がなければ成り立ちません。お互いにとって最良な方法を選んで共存していくことを第一目的とした関係。これが成立しない愛は、すべて自分に還元されます。勝手に誰かを好きになって、盛り上がって、そこで生じたプラスのエネルギーを自分に取り込んで自分で消費してしまうのが「片思い」です。

「こんなに魅力を感じる人なんて、そう簡単には見つからないのに！　顔も性格もパーフェクト！」とは思えても、何よりも相手があなたに強く魅了されない場合は「大ハズレ」です。「本命は他にいる」ということです。

いつも片思いばかりで、なかなか恋人ができないという人もいます。片思いをくり返す人は、基本的に恋愛する準備ができていないのかもしれません。「恋愛したい」というアイデアばかりが先走って、実際は恋愛で失敗するリスクを恐れて、手に入らない相手を愛情の対象としていることがあります。

恋愛に自分のペースを乱されたくない、振り回されたくないなどの逃げの気持ちで、「安全な片思い」を選ぶ人もいます。

恋人ができない自分はダメな人間なんだ…と自信がなくなってしまうかもしれませんが、こんなときは、自尊心を強く持って活用してください。

自尊心を強く持つためには、自分を愛してあげることから始めましょう。そして、「自分をとことん愛してくれる人」を探して、自分も相手をとことん愛する努力をする決心をしてください。「自分を愛してくれる人に会わせてください」とお祈りをしましょう。お祈りの際には、相手が出現した場合に、自分が責任をもって、とことん付き合う約束もしてください。

すると、あなたが自分自身のことをどう思おうと、あなたを愛してくれる人が必ず現われます。あなたの魂が磨かれていれば、その魂を求めてくれる人が必ず出てきます。

恋人ができないのは、これまで出会った人があなたの魂の相手ではないというだけで、あなたが恋人ができない人なのではありません。

自信のある人や容姿端麗な人、お金持ちの人だけが幸せな恋愛をするのではなく、自分の片割れのような人を探し当てた人が幸せな恋愛、結婚をしているのです。自分が存在するなら、自分の片割れも存在するはずです。

あなたの直感を研ぎ澄まして、本命の相手を見つけることを考えてください。

Rule 2

ひとつの恋をあきらめたとき、本当に出会うべき人に出会うことがあります

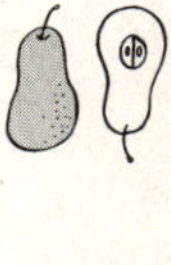

終わってしまった恋愛が、自分の中から完全に浄化されるまで、軽く2年くらいはかかるものです。最終的に実らなかった恋は「あきらめきって」から次に進まないと、次の恋愛にまで悪影響を及ぼしてしまいます。

もうちょっと頑張ったら何とかなったんじゃないか、他にもいい方法があったんじゃないか、という思いが断ち切れないのは、相手のいいところばかり思い出しているからです。

相手の気持ちがどうであれ、自分が相手を好きな間はそれなりに意味があります。結局は、自分のために恋しているのです。

誰かを好きになると、その人の好きなことをやってみようとか、その人の気持ち

を魅了するために、あらゆるモチベーション（やる気）が湧いてきます。私たちはこのモチベーションのために恋愛するともいえるでしょう。相手に影響されて、どんどん新しい自分を創っていこうとする喜びを味わえて、夢見心地になる。たとえ相手に冷たくされても、周囲に反対されても、自分が向上しているから、いつまでも相手を好きでいてしまいます。

どんな恋でも、精神的に成長できれば無意味ではありませんが、**恋愛や結婚は自己を完成させるプロセス。ちゃんとした「関係」が持てなければ、完成にたどり着けません。**

自己を完成させる役割を果たしてくれる人が、他にいるはずなのです。あきらめなくちゃ、と思う時点であなたの魂が方向転換しています。あなたの頭（思考）、目（視覚）、身体といった肉体の感覚が、相手にしがみついて、「せっかく出会ったのに…」と思うかもしれませんが、**あなたにとって、確かに何かが足りない相手なのです。**

こういう恋は、欲しいデザインの靴があっても、自分のサイズのものが見つからない状態と同じです。または、いくら気に入ったデザインの靴でも自分に合わないものは、履きにくくて靴ズレができたり、長時間歩けなくて、結局は履かなくなってしまうのと同じです。どんなに素敵なブーツもピンヒールも、履けないものは履けないのです。

ダメになる恋愛には理由があります。最終的には「別れてヨカッタ」と思えるはずです。周囲を見渡してください。きっと「目からウロコ」で素敵な人に出会えるはずです。

人生が充実していない、次の目的がない、そんなときに、将来性のない恋愛にしがみつくこともあります。自分を大切にすることを優先してください。手に入らない恋愛に費やす力と時間を、全部自分自身に注げば、ものすごい成果があげられるはずです。自分自身のために何をするべきか、魂に相談してください。

ひとつをあきらめたら、すべての問題が解決することもよくあります。**ひとつをあきらめたら、すぐにその代わりが出てきます。それが本命であることも多いので**

す。私たちの人生はそうなっています。思いきって手を放して、人生の仕組に任せてみてください。

「この人しかいない」という感覚は確かにありますが、これは、その人はこの世の中に一人しかいないということで、その人としか恋愛できないということではありません。

家族の反対や環境の違いなど、自分たちの気持ちとは全く関係ないことが理由で、あきらめるしかなかった恋愛でも、結局一緒に生きることを選べなかったということは、やはりご縁がなかったと思ってください。

その「関係」を守るためにお互いを犠牲にすることができなかったということは、問題を乗り越えられない仲なので、結局はうまくいかなくなったでしょう。それでも本当の意味での魂のつながりを持てる人となら、一生を通して素晴らしい友人となれるでしょう。

Rule 3

二人の人を好きになってしまって選べない…のは どちらも何か足りないということです

二人の人を好きになってしまって、どちらが好きなのかわからないときは、**あなたが本当に求めているのは、その二人を足して2で割ったような人で、どちらの人でもありません。**二人合わせて一人分なのです。この二人を基準にして、さらに理想に近い人を見つけることをお勧めします。どちらかが本命なら、やっぱりこっちのほうが好き、と強く感じるはずです。とりあえず早まらないでください。

今のあなたは、本当は自分がどんな人と一緒にいたいのか、ハッキリとした理想の恋人像が観えていないのではないでしょうか。その理由は、自分が観えていないからです。

自分で納得のいく生活ができるようになって、自分自身のことがよくわかって、自分に自信が持てるまで、どんな人に出会っても満足できなくて、何かピンと来ない感じがするかもしれません。
それでも二人の中から、とりあえず一人を選ぼうとするのであれば、積極的に自分と付き合いたい、と思ってくれている人を選ぶのがいいと思います。

自分のことをひたすら愛してくれ、理解しようとしてくれる人でなければ、付き合っていく意味がありません。お互いの努力で充実した関係を作っていくのが恋愛です。ところが、自分と向き合ってくれない人のほうを追いかけてしまいたくなるものだというのも確かです。

相手が自分に求めるものが何か、相手の理想が自分自身の真相とマッチするかも確かめてください。勝手な理想を押し付けられたり、自分が想像もつかないようなことを相手から期待されてたら、後々問題になります。

恋人選びは、結婚相手を選ぶときと違って、先のことはそれほど気にしないものです。ですから、冒険的なスリルか安心感か、その時々のあなたの状態によって恋愛に求めるものが変わってきます。

恋人と一緒に今の自分のペースを保ちながら、より安定したいか、それとも恋人の影響によって、自分の生活習慣をよい意味で壊して、新しい自分を開拓してゆきたいか、そのどちらを求めているのでしょうか。それとも両方でしょうか。

ひとりは安心感を与えてくれる人、もうひとりは緊張感を与えてくれる人など、正反対の性格の人を一度に好きになることもあります。これはやはり、あなたがその両方を求めているからでしょう。

心地よい安心感と緊張を両方与えてくれる人がいれば申し分ないのですが、どちらにしても今の自分の人生の目的は何か、自分の生活のペースはどうか、どういったステージにいるのか、変遷期か安定期か、それに合った人生のステージにいる人を選んでください。

あなたと相手の関係の中で、お互いの存在がどう影響しあうのか、何を吸収しあおうとしているのか、お互いの育った環境、意志や愛情表現のしかた、親との関係、経済状態、将来の展望など、二人で乗り越えていかなければいけない問題について、共有できなければ、勢いだけで一緒にいられる期間は短いです。出だし好調でも、あーっという間に壁にぶつかってしまいます。

たいがいの場合は「やっぱり！」と自分でも最初から想像していた壁にぶつかることでしょう。この**「やっぱり！」というのは直感で、何か問題がありそう！　と感じる、魂の助言なのです。**

自分と正反対の世界にいる人だから魅力を感じたり、自分にない何かを持っている人だから、それを吸収したいと思って始まる恋愛もあります。そこでお互いにその違いを克服する努力ができれば、どんなに困難があっても、それが素晴らしい体験となるでしょう。

しかし、結婚すれば好転するだろうとか、そのうち理想の人になってくれるだろうとか、無理な期待はできません。**人間の本質は変わらないものです。**それと上手に付き合っていく方法を学ぶしかないのです。

ですからどんなに素敵な人でも、根本的な部分で合わないんじゃないかと思えるところがあれば、避けたほうがいいかもしれません。

素敵な人だから、チョットだけでも付き合いたい！ という好奇心で、細かいことは抜きにして、相手を選ぶと、やはりすぐダメになる可能性が大きいでしょう。

その「ちょっとだけ付き合うつもり」が大きな痛手となることも、よくありますから、迷うときはスキップして、もっといい人が出てくるのを待ってください。

いちばん大切なのは、魂のレベルで相手との絆を感じるかどうかです。

Rule 4

「好きだけど、結婚相手には考えられない」という気持ちは魂の直感です

どんなに好きでも、結婚には不向きだと感じる人との関係は、いずれ終わってしまいます。結婚に向く人、向かない人というのは確かにあります。

経済力があっても、性格がよくても、直感的に自分が「この人との結婚は考えられない」と思ったら、絶対間違いないでしょう。無理やりその人と結婚しようとしないほうがいいでしょう。

結婚するということは、相手があなたの人生の一部になるということです。相手の家族も含めて、相手の人生のすべてが、あなたの生活に加わってきますし、すべてが共同作業になります。あなたと共通の幸せを相手が求めていなければ、この共同作業は望めません。

「結婚には向いていない」と思ってしまうのは、共同作業に向いてなさそうな要素

だからではないでしょうか。結婚とは「ふたりの関係」そのものを優先しないと続きませんから、いつもお互いのことを考えているという強い一体感や、共有する夢と目的がなければ、ダメになってしまいます。

でも、これは婚約、結婚してからでないと、わからないこともよくあるのです。恋愛中は、きっと何でも自分の思い通りにしてくれるだろう、といった相手に対する期待がかなり大きいですし、良いところだけで相手を判断しがちです。ところが、結婚してから何かと予期していなかった問題が続出することがよくあります。

「結婚生活は無難で、子供が欲しいのに、どうしても主人とは子供を持ちたくないと感じてしまう」という相談をよく受けます。この場合、離婚につながるほどの問題がなくても、他に新しい人を見つけるべきなのでしょう。自分自身に満足できないのを、結婚することで解決しようとして、焦って判断を早まったりすることもあります。

いくら考え抜いてもわからない答えでも、魂の直感は知っています。

結婚に向いてなさそうな人と結婚するのが正解かどうか、その人とやっていける根気はあるか、正直に自分の魂に問いかけてください。

その答えが「イエス」の場合は自信を持って、前進してください。答えが「ノー」の場合は、どんなに未練を感じても方向転換したほうがよいでしょう。

結婚に向いてなさそうな人でも、結婚してうまくいく場合もありますし、家庭的で結婚に向いていそうだった人が結婚後、変わってしまうこともあります。それは「ふたりの関係」によって結果が出るのでしょう。

ここで、どういう人が結婚に向いていないか考えてみましょう。

気が多い、自分勝手、独りでいたい、いつも自由でいたい、自分のことしか考えていない、精神的なサポートをしてくれない、浮気者、結婚など将来の約束をしてくれない、責任感がない、ウソをつく、自己中心的、コミュニケーションが取れない、話し合いができない、物事を自分の都合のいいようにしか取らない、経済力がない、お金の管理ができない、金銭感覚が違いすぎる、精神的に落ち着いていない、恋人よりも友達を大事にする、過去の恋愛がすべて中途半端に終わっている、親との関係が悪い、または逆に親に支配されている…、こういったことが、結婚生活でトラブルの原因になります。

好きだから、多少は目をつぶって…と思うかもしれませんが、これらの問題に後々直撃されるのはあなたです。冷静になってよく考えてください。

過剰な成功欲、名誉欲、自己顕示《けんじ》欲、支配欲、競争心は結婚生活を破壊してしまいますから、どんなに立派そうに見える人でも、その人の野望のために家庭を犠牲にしてしまう人と結婚するのは大変です。

自分と相手の理想の結婚生活が同じコンセプトかどうかを確かめてください。大きなズレがあるなら、考え直したほうがよいでしょう。

親との魂の結びつきが強い人、親を大切にする人と結婚するのは安心です。これが欠けている人は、親との間にできた傷を癒してから、またはそれを癒すために、新しい人生をやり直すつもりで結婚してください。

一緒に魂を洗って、過去の古傷を癒して、愛情をもって、うまくやっていくという約束をすることが、結婚するということなのだと思います。

Rule 5

「不倫の恋をくり返してしまう人」に気をつけてほしいこと

誰だって、いつ不倫に巻き込まれるか知れたものではありません。素敵だな、と思った人がたまたま既婚者で、付き合い始めるまで知らなかった！　とか、既婚者だから安心して会っているうちに情が移った…ということがよくあります。

素敵な既婚者はたくさんいます。結婚しているからこそ、余裕とか安定感とか充実感があるのも確かで、そういうところを好きになってしまうのでしょう。

しかし「自分は既婚者ばかり好きになってしまう…」と思い込まないようにしてください。不倫する、しないはあなた次第です。

不倫にもいろいろあって、不倫の恋から真実の愛、真の人生のパートナーを見つけることもあります。実らない不倫をくり返してしまう人は、どうしてそうなるのでしょうか。

既婚者側にもいろいろあって、結婚生活に不満なので何とか恋人をつくろうと、あの手この手で誘ってくる人。家庭は壊したくないけど、ただ遊びたい！という人。「結婚生活にガンジガラメになっている！　助けて！」といった同情を引くエネルギーを出してる人や、ほぼ離婚が決定している状態で、新しい誰かを探している人など。

浮気は自己顕示欲を満たすものです。自分には魅力があるぞ、独身のときと変わってないぞ、まだまだ新しいことにチャレンジできるぞとか、もっと頑張れるかもしれない、新しい可能性があるかもしれない、という気持ちを支えるためのものです。たとえ離婚したくて不倫をする人でも、結局離婚の決心ができなかったり、再婚する気がなかったり、その恋愛が結局は「逃げ」でしかなかったと、最後の最後までわからないこともあります。

誰も、最初から、「不倫がしたい！」と望むのではなくて、ほとんどの人は不倫が始まってから、「もしかして、これって不倫ですね？」と自覚するのだと思います。意外と不倫に対する抵抗を感じない自分を発見したら、ここで冷静に考え直してください。

相手を本気で好きになってしまっているから、抵抗を感じないのでしょうか？ なぜ不倫ができるのでしょうか。

どんな不倫もそれによって現実問題から逃れているのです。

不倫でもいいから、誰かに優しくされたい、愛されたいと思うほど、寂しいのでしょうか。それともただストレスを発散させたいだけなのでしょうか。相手や自分に家族があっても、それでも一緒にいたいと思わせるほどのカリスマ性や、経済力、社会的地位、知識、新鮮なエネルギーがある人を好きになってしまって、あきらめられないのでしょうか。あなたは、好きになったら不倫でもなんでも関係ない、と思うタイプの人なのでしょうか。

不倫は「無償の愛」ではなく、「無条件の愛」の関係です。結局は自分を慰める

ためのもので、相手も自分もまずは自分自身を満たそうとしているのだと思います。
それも一時的にです。それでも相手をどんどん好きになってしまったら、無条件に愛を与えてしまいます。そして、そうすれば何か新しい道が開けるかも、と期待しはじめてしまいます。相手を独占する欲が出てくるからです。すると離婚、家庭崩壊などの問題へと発展していきます。

しかし、既婚者が家庭を捨てて、離婚をして、再婚をするのは大変なことです。都合が悪くなったら、家族の元に逃げ帰れるような人のことをあてにして、「きっと自分のところに来てくれる」と信じて待つのは、現実的ではありません。

さて、どんな人が不倫してしまいやすいのでしょうか。

まず「一方的に愛されたい！」タイプの人のような感じがします。向上心が強くて、背伸びがしたい人や、逆に自信のない人も。または都合のいい「パートタイム恋愛」として不倫を選んでしまう人もいます。

または不倫の恋をステップにして自分を修正しようとする人もいます。

例えば、こういう例もあります。

親の離婚や暴力などで心を傷つけられて、結婚なんて信じない、と思っていた女性が、20年も結婚歴のある人と恋に落ちてしまいました。

彼と出会ったとき、彼女は人生のどん底にいました。既婚者である彼は「家庭は捨てられないけれど、君のことは愛しているし、君には早く元気になって頑張ってもらいたい」と言ってくれます。そんな彼にすがりついてしまったものの、彼女は不倫をしていることが苦しくて、彼に早く家庭に戻ってもらいたいと思うのですが、なかなか別れを告げられません。だからといって、彼を家族から奪い取りたいわけでもなく、自分は結婚するのが怖いので、彼と結婚できないことが、逆に安心感になっています。彼の他にも優しい人や、彼女を励ましてくれる人、ましてや彼女を好きでいてくれる人もいるのに、なぜか彼に執着してしまうのが不思議でした。

魂のリーディングをしたところ、彼女は彼によって結婚に対する考えを変えようとしている、と出てきました。この彼にとって結婚はとても大切なことで、もし離婚しても必ず誰かと再婚すると言っているくらいの人です。彼女は彼のそんな部分に惚れ込んでしまっていたのです。そして彼が家族を裏切っているにもかかわらず、それでも家族を大切にしようとするのを、彼女は無理やり正当化するのです。

そんな中で、彼女はさんざん苦しんだあげく、自分はどんなに結婚不信でも、やっぱり結婚して幸せになりたいんだ、不倫じゃなくて、ちゃんと結婚できる相手を探そう、と思えるようになって、不倫の痛みが、長年引きずってきた愛情不信の痛みを越えて、この痛みを癒すには、本物の愛を手に入れるしかないと思えるようになったのです。これはこの人のトラウマが、不倫によって癒されたということだと思います。

前世との関わりからみると、前世で愛人として一生を過ごした人はたくさんいると感じます。歴史上、女性が男性に頼ることでしか生活ができなかった時代が長かったのです。前世で妻になれず愛人、メイドや娼婦として生きたことのある魂にとっては、愛人という立場も、生きる手段であったわけです。不倫にさほど抵抗がない人や、不倫に巻き込まれてしまう人のなかには、過去世で不倫をした影響があるかもしれない……と想像できないでしょうか。

不倫相手がソウル・メイトだから執着してしまうか、というとそうともいえません。魂だけで充分通じる関係なら、肉体関係など必要ないので、不倫という関係にはなりません。ソウル・メイトだから魅了されるというのはあるでしょうが、肉体関係を持ってしまうのは、あくまでもそのときの肉体的な反応で、自分でそうしようと選んでいるのです。

既婚者は、いろんな意味での「現実」をすべて家庭に置いてきますから、恋人に悪いところや醜い現実を見せないようにするでしょう。それに多かれ少なかれ、既婚者としての罪悪感がありますから、その反動で優しくなれたりするのです。不倫の恋は、時にはとてもロマンチックに盛り上がるかもしれませんが、100％現実逃避で将来性がないことが多いです。

不倫をくり返すのは、本当の人生のパートナーを求めていないということです。

それで、相手の配偶者のことを憎むようになったりしたら、あなたの魂は濁《にご》って、嫌な人間になってしまいます。実りのない不倫をしないためには、まずは、次のような事柄を心がけて、どんなに素敵な既婚者に出会っても、とにかく不倫はしないと決めてください。

◇既婚者に安定感を感じて、つい甘えたくならないように気をつける。
◇「そのうち離婚する」「離婚したいと思っている」は信用しない。
◇興味本位で既婚者に近づかない。
◇自分の人生に焦って、人の助けを求めない。
◇精神的、経済的に自立する。
◇自分を愛してあげる。

Rule 6

「好きな人には好かれずに、どうでもいい人にばかり好かれてしまう」ときは、ステップアップ期です

本当の恋愛をするためには、自分のことを本気で好きになってくれる人を選ばないといけないのですが、自分が一方的に夢中になるような相手ばかり選んでしまうことがあります。

そういうときは、自分自身が人生の変遷期の真っただ中にいて、あなたの魂は、まっすぐ遠くの目標を見つめています。向上心いっぱいで、「あぁなりたい」「こんな人が憧れ」と、理想の結晶みたいなイメージの人しか視野に入ってこないのかもしれません。

私たちは自分にないものを持っている人に憧れます。自分に足りないものを与えてくれて、自分の人生を変える可能性を秘めていそうな人を好きになってしまうものです。恋愛は欠点を補うためにあるようなものだと思います。そしてこの欠点が、

あなたの弱点でもあります。

いくら向上心が強くても、相手の持っている憧れの部分を、あれもこれも欲しい！と欲望をむき出しにしてしまうと、相手に嫌がられてしまうかもしれません。「何を期待してるんだろう？（エネルギーを持っていかれるばかりで）なんか疲れる」と感じられてしまうかもしれません。欲望と愛情を混乱させている場合、本物の恋愛は実りません。

せっかくですから、これも魂のチャレンジとみなして、どうしてこの一方的な思いの悪循環の輪ができてしまうのか、考えてみましょう。

「追いかける恋愛」が好きな人は、「追いかけられる恋愛」が好きな人を選ばないと、たいがいはうまくいきません。恋愛でリーダーシップを取りたい人は、自分が相手を選ばないと気が済まないでしょう。自分はどういうタイプか、考えてください。

それから、自分が求めている憧れのイメージと自分の本質が、あまりにもかけ離れていないでしょうか。これは自分の好きなタイプの人と、自分の友人たちの性格を照らし合わせたりすることでも、何となく傾向がつかめることもあります。

派手なタイプの人を好きになりがちでも、友達はほとんど地味な人たちだったり、保守的な人に憧れるのに、友達はみんな冒険好きだったり。こういった場合は、あなたは両極端な面を持ち合わせている人ですから、自分と同じように両極端を持ち合わせているタイプの人を選ぶのがいいと思います。

私たちは、弱いものは強いものに、強いものはさらに強いものに、荒い気性の人は温和な気性の人に…などと、**自分をより完全にしてくれるパーフェクト・マッチを求めがちですが、好きになる相手が必ずしも自分にとってのパーフェクト・マッチだとは限りません。**好きだけれど似合わない髪形や洋服があるように、実際には自分には合わない人を好きになることもあります。

あなたが自分の現状に満足していなければ、自分とかけ離れている人が、素敵に見えて仕方ないかもしれません。しかし、「本物の理想」と「ニセ物の理想」をとりちがえないように気をつけましょう。**人生の変遷期にあるときは、向上心ゆえに本当は自分に合わない人に憧れてしまうことがあるのです。**これはニセモノの理想です。それに自分は憧れの相手にマッチするような人になりたくても、相手からすると、「どう考えても合いそうにない」と思われてしまっているようなら、それ以上先に進むことはできないので、惜しみなく的を変更するべきです。

通じ合う恋愛は、「何か共有できるものを持っている」と、お互いに強く感じ合えるときに生まれます。本命の相手とは、そんなに苦労しなくても磁石のように引かれあいます。

等身大で、自分に正直な生き方――それはつまり本物の理想の自分になる、ということですが――をしていれば、好きな人からは好かれ、嫌いな人は寄りつかなくなります。

そのためには、あなたの魂が澄みきっていて、自分や相手をありのままに受け止め、自分なりに満足できる人生を送っていることが大切です。これは自分に正直に、いちばんやりたいことや、自分の夢を追って生きているということです。

そんなあなたの健全で純粋な魂に、相手の魂が吸い寄せられるように引かれたときに、正真正銘の本物の理想の恋愛が始まるでしょう。

Rule 7

「別れたい」と思ったときは、転機なのだと気づいてください

別れたいのに別れられない内情はいろいろあるでしょう。他に誰もいない、相手に同情している、別れると経済的に問題が出てくる、何か物足りなさを感じているけれど、相手は文句の言いようがないくらいとてもいい人であるなど。

しかし、「別れたい」と思った時点で、「方向転換のとき」がきています。これ以上その関係からは何も生まれないとわかっているのでしょう。

でも、別れた後どうなるかがわからないとか、別れるつらさと別れた後のつらさを考えて、怖くて動けなかったり、次の目標がなかったり、脅されたり…などの理由から自分に言い訳をして、ズルズルしたお付き合いを長引かせてしまっているのではないでしょうか。

独りになるのが怖い場合は、寂しさを振り切って、とりあえず別れてしまいま

しょう。独りになってみなければ、本当の自分の気持ちがわかりません。独りになって本当によかった！　と思えるか、寂しいけれど、もう元には戻りたくないと思えるか、または、あんなに別れたいと思っていたのに、いざ独りになったら、相手のことが恋しくてたまらなくなるか。

いずれにせよ、独りになってはじめて、人生の新しいドアが開かれるのです。最初は怖くても、苦しくても、窮地に追い込まれたときは、あなたの魂が必ず新しい方向を示してくれます。本当に困ったときほど、魂の声がはっきりと聞こえるものです。

今までの生活にいきなり別れを告げて、すべてを手放して去っていくわけにはいかないこともあるでしょう。少しずつ様子を見ながらうまく別れることは可能で、これはズルイことでも何でもありません。

どんな方法でも、別れの際の痛手はどうしても避けられませんから、覚悟をして、選択、決断、実行するしかないのです。必要な時間をかけて計画を練って、衝撃的なダメージに耐える心構えをしてください。

物理的に離れられない場合は、まずは精神的に切り離してゆくことから始めます。そして自分がこの先どうしたいか目標を決めて、貯金をするなり、アパートを探すなり、独りになる具体的な方法を考えはじめましょう。いったん独りになれば、どんどん未来に向かって前進するしかありません。どんなに時間がかかっても、そこまでたどり着けるように頑張るのが、最初の第一歩です。

未練があって今の状態を続けようとしても、悲しくなったり、怒りが込み上げてきたりするときは、「とにかく別れたい」と魂が逃げ出したくなっているのです。自分を強くもって、別れに挑んでください。

気持ち半分の中途半端な関係を長引かせて、逃げで浮気願望が出てきたりしたら、もっと悪い状態になります。傷つけ合ったり、空回りして、とことんお互いの魂をすり減らしてしまうことでしょう。**魂の磨き合いができなくなって、心を曇らせるばかりで、魂がこれ以上続けていけないと言ったら、どんな関係であっても、そこで終わりです。**このままでは不幸です。

どんな理由で誰と一緒になったとしても、ダメになるときは仕方ないのです。

お互いの魂を満たす愛情が枯渇してしまって、心身共にお互いを苦しめ合うような関係を続けるよりは、お互いの幸せを願って、別れたほうがいいでしょう。

自分の身を引き裂くような無理な別れ方をしても、希望を持ってください。なかには、絶対にもう二度と元に戻れないよう、お互いを破壊するような別れ方を強いられる場合もあります。それでも「それしかなかった」と考えて、次の恋愛では自分の理想を叶えられると信じてください。

魂の目で遠くを見据えて、将来に希望を持って、人生を仕切り直してください。出会いのチャンスはいつでも、誰にでもあります。誰にも出会わないと思う場合は、自ら出会いのない環境の中に自分を閉じ込めているのです。**自分の生きるべき道を歩んでいけば、必ず出会うべき人に出会えるはずです。**自分の魂の思う通りに生きられる環境に出会うことから始めてください。そんな環境の中では「ズルズル生きる」ことなど不可能です。「ズルズルした関係」はあなたにとって無意味なのですから。

Rule 8

周囲の大反対にあってしまう恋に少しでも不安があるなら、すぐにやめるべきです

大反対されるのは、それなりの理由があるはずで、あなたも納得しているはずです。

最終的に、自分の幸せは自分にしかわかりませんから、あなたが幸せならばそれでよいのですが、その恋人が周囲から問題アリと指摘される点が何か、それが実際あなたに悪影響を及ぼしているか、一緒にいて後悔しないか、ハッキリさせておくべきでしょう。

魂が「この関係を貫きなさい」と言っていますか？

直感的に、どうしても、この人と生きてゆきたいと感じていますか？

少しでも不安を感じたら、何か問題があるはずです。

周囲が反対する恋愛を強行する場合、あなたもそれなりの覚悟があるでしょう。何か問題があっても、相手と共に自分の求めていた生活ができている間は、どうしても一緒にいたいと思うものです。

例えば、お金はないけれど、大きな夢があって、自分の目標に向かって、コツコツ努力をしている相手の生き方にあなたも意欲が湧いてくるとか、あなたのやりたいことをすでにやっている人だとか。あなたのやろうとしていることを誰よりも理解してサポートしてくれるとか、遊び好きでもカリスマ性があって、あなたにないパワーがあるとか。相手の存在によって、より自分らしくなれるとか。

家族や友人にはわからない、自分の求めている世界を、相手の中に見出すことができたり、家族や友人の与えてくれない愛情や価値観をその相手とわかち合えたりすると、大反対されても付き合うことに意義を感じるでしょう。恋愛を通して冒険し、成長しようとして、家族の理解の範囲を超える恋愛を求め、結婚に至る場合もあります。

そうやって自分の殻から出たい、自分のルーツとは異なる進化をしようとしているのでしょう。こういった恋愛は自己の確立のプロセスです。

ただ周囲への反骨精神や、自分の決断を正当化するためだけに、頑固に自分に悪影響を及ぼす恋愛にしがみつくのはよくありません。相手の存在が、実際にすでにあなたを傷つけていて、周囲に反対されている場合は、それを愛情で乗り越えるにも限界があります。

愛のある人は、あなたを傷つけません。相手の状況が好転しない場合は、自然と関係が壊れてゆくでしょう。

どんな人と付き合おうと、とにかく賛成しないご両親もいらっしゃるでしょうし、いつも家族に守られて育ってきて、冒険には向かない人もいます。

「親や友人が心配するのはもっとも」とわかりながらも、自分への挑戦として恋愛を続行するのなら、何かあって結局うまくいかなくなったときに、「皆の言うことを聞いておけばヨカッタ」などと後悔しないように覚悟してください。

恋愛で失敗しても、人生の敗北者になるわけではないのです。何でも「そのときは「いいと思った」から決断するのです。

失敗したらやめて、さらに正しい選択をすればいいだけのことです。それが「正しく生きる」ということです。

人生は失敗しないで無傷で生きるのがいいというわけではありません。周囲には反対されているけれど、トコトン付き合って、ダメになったら潔くやめる。そこでクヨクヨしないという覚悟がないなら、周囲にもわかりやすいような、安全な人と恋愛するべきでしょう。

いったん恋愛が始まったら、基本的には気がすむまで付き合うしかありません。私たちは恋愛によって自分にないものを得て、自分にいらないものを捨てようとするのです。周囲に反対される恋愛は、かなり手荒なケースかもしれませんが、まさにそのためにあります。

相手があなたの魂、生きる気力さえ奪ってしまうようなら、すぐに別れなくてはいけませんが、逆にどんなに苦労があっても、魂の磨き合いができる、自分が純粋でいられる、そんな人が相手なら、お互いの魂と共に生活も向上して、周りも納得してくれるようになるでしょう。

ところが自分が弱っているときに、恋人からの愛情だけが自分の生命力の源になっていたり、自分の目的が見えなくなって、相手の愛情にすがりついているのなら、まわりの人に指摘されることにも注意を払ったほうがいいでしょう。

人の意見に少しでも不安を感じるような関係は、魂も同意していません。

魂の納得する恋愛には不安はありません。どんなに反対されてもお互いに対する信念と愛情だけがどんどん深まっていく感じがするなら、それは本物の恋愛でしょう。

Rule 9

結婚は、「理想の人生」を完成させるためのもの

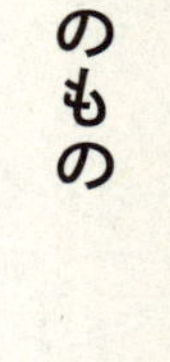

「結婚することで幸せになれる」と信じられる人とそうでない人がいます。

まずは自分が結婚に向いているかどうか、またはどんな結婚相手が必要なのかを知るために、自分の中にある結婚という概念について考えてみてください。

自分にとって結婚とはどんな意味がありますか？　ご両親の結婚はどうですか？　知人たちの結婚生活を見てどう思いますか？　結婚すれば幸せになれると思いますか？　結婚を信じていますか？　結婚を望んでいますか？　結婚できると思っていますか？　結婚すると何が変わると思いますか？

こんなふうに考えることで、自分が結婚をポジティブにとらえているか、ネガティブにとらえているかがわかります。ネガティブにとらえている人でも、自分が

結婚するなら失敗したくない、幸せになりたいと思いますよね。そこで、失敗しない幸せな結婚について考えてみましょう。そして、大恋愛で結婚しても、お見合いで相手を厳選して結婚しても、うまくいかなくなることがあるのはなぜかを、魂の視点から考えてみましょう。

さて、そもそも結婚とはどうあるべきものなのでしょうか。

結婚とは、その「関係そのものに意味」があります。相手に自分を捧げる＝相手だけが得するのではなく、結婚しているという関係そのものにお互いを捧げて、お互いが向上できる関係を作っていくのでなければ、結婚している意味がありません。現代には、どんなにつらくても離婚できない、という社会的なプレッシャーはありません。

魂の視点から観ると、結婚とは魂を清浄な状態に保ち続けるために、一生を通して魂を磨き合う、魂を洗い合うパートナーであり続けることを約束することだと思います。

結婚相手といると、いつも心が洗われて、何が最も正しいか、何をするべきかが明確になって、自分の根本に戻れるような気持ちになれるべきです。ですから、結婚相手にウソや隠しごとをしてはいけませんし、何をするにも白黒はっきりさせて、正しい言動をとらないと離婚の原因になります。「私にだけは本当のことを言ってくれる」「君にだけは本当の気持ちを知ってほしい」…こんな気持ちになったときに真剣なんだと実感できるのは、お互いの魂をお互いにゆだねようとしているのがわかるからです。

結婚生活というのは、人間として成長するために、大変重要な役割を果たします。「自分の理想の生活を完成させる」ための土台です。

理想の生活というのは、欲しかったものや、精神的な安定を手に入れるということに気をとられがちですが、最も重要なのは、パートナーと共に自己を完成させて、人生を完成させるために生活するということです。結婚相手とお互いに欠けている部分を補い合って、自己を完成させることで、本当の幸せを感じられるのです。二人で頑張ろうというポジティブな一体感を感じられるのが、よい結婚生活です。

それでは、自分にふさわしい結婚相手とは、いったいどんな人なのでしょうか。**理想的な結婚相手とは、「自分を人間として完成させてくれる人」です。**肉体的にも精神的にも自分を満たしてくれて、自分の中にあるポジティブな部分をさらに伸ばし、ネガティブな部分や体験をキャンセルしてくれるような人です。子供の頃から心の奥底に植えつけられた、不安や恐怖を取り除いて、安心と自信を与えてくれる、そんなパートナーが理想的です。

では結婚に向かない人とは、どんな人でしょう。

一人のパートナーだけでは満足できないという人は、結婚しないほうがいいでしょう。

遊び好きが結婚したら変わるということはありません。遊び疲れるまで待って結婚するべきでしょう。何かと不安な人ほど結婚したくなるものですが、その漠然とした不安を根こそぎ取り去らなければ、結婚によってなくなることはありません。

結婚相手が本当に自分を幸せにしてくれるのか、結婚したら、もう他の人とは恋愛できないのか、他にも誰かもっといい人がいるんじゃないかと思って、さらに不安になるかもしれませんから、要注意です。

さて、結婚をしようと決める前に気をつけるべきことがあります。

結婚するなら、まず「理想の人生の完成予想図」を思い描いて、その出発点を結婚とするように、目標を定めることをお勧めします。

ただ実家を離れたいとか、ただ結婚したかった、結婚して落ち着きたかった、働きたくない、ダンナに食べさせてもらってラクしたかった、「結婚して」と言われて断われなかったからとか、そんな理由で結婚してから、専業主婦生活に飽きて、何をしたらいいかわからなくなってしまう人がたくさんいます。

実家から離れて、人生の冒険を始めるきっかけとして結婚を選んでも、相手の協力がない限り、結婚してからの甘い自由な生活が実現するかどうかわかりません。

現実逃避のためだけに結婚するのは、よくありません。

あなたと結婚相手が、将来に対して共有できるビジョンを持っていないと、結婚してしまってから、お互いの人生観が違うことに気がついても、なかなか修正できるものではありません。それがいつまでも平行線なら失敗したと思ってしまうかもしれません。

結婚して得るものは、二人一緒にいるからこそ意味があります。もし一緒にいられなくなったら、財産も生活もすべてを手放すことになってしまいます。とにかく相手とずっと一緒にいることを第一目的として結婚を決めましょう。恋愛中とは違って、結婚するとお互いに自分の本質に戻りますから、やはり魂の目でお互いの本当の姿を見つめて、うまくやっていけそうかどうか決めてください。

一生結婚しないつもり…という方もいるでしょう。ただ、結婚しないと決める前に気をつけるべきこともあります。

家庭を持ちたくないと思う人ほど、自ら健全な家庭を築くことでしか、自己を完成させられないものなのです。自分がいちばん必要なことから逃げているかもしれないので、なぜ家庭を持ちたくないのか考えてください。

たとえば独りはラクだとか。独りでいる限り、安心で安全で、自分さえ守っていけばよくて、独りで食べていくことくらい、どうにでもなる。独りでいれば、傷つけられることも、振り回されることも、自分を犠牲にすることもないのでとても平和です。それに結婚すれば自分中心の生活からは永遠にサヨナラです。

なかには結婚しても自己中心的な生き方を通そうとされる方もいますが、結婚する＝家族を持つ＝何でも分け与え合い、お互いをサポートし合って、共存する。という本来の家族のあるべき姿から考えると、それは間違いです。

その他にも、家族らしい家族など持ったことがないので今さら欲しいと思わないとか、子供の頃から家族に振り回されてきたことがトラウマになっているとか、親が未婚の母であったり、離婚していたり、親と死別、離別した悲しみから、結婚はいつか壊れるもの、どんなに愛する人でもいつかは自分から離れてゆくもの、家族はいつか壊れていくもの、という先入観ができてしまって、それなら最初から家族など持ちたくない、結婚しないと考えてしまう人もいます。

子供が欲しくないから結婚する必要を感じなかったり、または結婚は子供を持つためだけにある、と考えている方もいらっしゃるでしょうが、私は結婚とは、一生かけてより幸せな人生を創るチームになろう、お互いの魂を磨き合っていこうという約束のためにするべきで、子供の有無は関係ないと思います。

前世や今世での体験があなたを結婚不信にしてしまっているとしたら、自分にチャレンジするつもりで自ら幸せな結婚生活を実現させていくことでしか、これを克服できないでしょう。結婚、妊娠、出産、育児に全く魅力を感じない、逆に恐怖感さえ感じる人でも、生きている限り、それを乗り越えて幸せな家庭を持てる可能性がありますから、天にそのチャンスを与えられたときは、素直に受け取るくらいの気持ちで構えていてください。

子供を持たない人生という選択肢

子供を持たないと決めるときは、後悔するかもしれないことを知ったうえで決心してください。

子供を持たないことが一概に悪いこととは言えませんが、その理由が、例えば「自分が苦労したくないから」という自己中心的な考えからであれば、自分自身が乗り越えなければいけない課題が残っているということです。自分に自信がなくて怖がっているのです。これは魂にとって悪いことです。

子供に迷惑かけたくないからとか、子供に苦労させられたくないから子供を持たないと決める人は、本当は子供が欲しいのに自分に言い訳をしてはいないでしょうか。そうだとすると後で必ず後悔します。

子供はいらない、子供を持つ自信がない、などと思うのは、自分自身が子供のま

までありたい、親になりたくない、自分の人生もどうなるかわからない、自分自身が満足して生きていない、そういった気持ちの現われかもしれません。子供の頃に苦悩したり、子供の頃に冷たく扱われたり、子供らしい生活ができなかった、そんな体験が原因だったり、自分の体力や生命力に自信がないことが、子供はいらないと思う原因かもしれません。

前世で何か子供に関する深い問題があったかもしれません。これらの子供に関する恐怖心は、乗り越えるべき課題として、真剣に取り組まないと、子供に関する正しい答えは出せません。

子供に対する恐怖心を乗り越えるには、実際に子供を持つのがいいと思います。全く予期もせずに成り行きでそうなってしまっても、ほとんどの方が、いざ親になると、そんな恐怖心は吹っ飛んで、可愛い子供のため生きるようになります。子供が持てた幸せと、自分には無理だと思っていたことを乗り越えた達成感、人生には思ってもみなかった幸せがあるんだという実感と自信が生まれるでしょう。これは恐怖心を自信に変換したネガティブをポジティブに変える、最高の例の一つです。

「自己愛」「勝手な愛」「無条件の愛」「無償の愛」そして「関係」について

恋愛は人を無償に愛せるようになるための練習です。私たちは恋愛経験によって成長し、いずれ親として子供に無償の愛を捧げられるようになります。または親になったときに、誰に対する愛よりも、子供に対する愛情が最も深いことを知らされます。

ここで、自分だけを愛する「自己愛」、一方的に愛する「勝手な愛」、どんなに悪い立場に立たされても無条件に愛する「無条件の愛」、愛することそのものが報いとなる「無償の愛」について、そして恋愛、結婚の「関係」について考えてみましょう。

「勝手な愛」や「無条件の愛」「無償の愛」は、自分を満足させるためという意味では、すべて「自己愛」と言えるかもしれませんが、ここでは自分だけを愛することを「自己愛」とします。

恋愛も結婚も、お互いに愛し合って、共存していこうとする「関係」そのものに意味があります。その「関係」のためにお互いを犠牲にできなければ、恋愛も結婚も成り立ちません。これはお互いの犠牲が双方のためにプラスになるということです。

恋は一方的に抱くもの。愛は与えるもの。恋愛はその関係の中で、お互いに恋心を抱き合い、愛を与え合うものです。

どんなに相手に愛情を注ぎこもうとしても、その愛が相手の望むものでなければ、無駄になってしまいます。お互いが求める「関係」の意味にズレがある場合、いくら愛情を注いでも、そのズレの隙間からすべて流失してしまいます。まずはそのズレを修復して、きちんと魂の結び付いた関係を作ってから、そこに愛情を注ぎ込まなければ、恋愛として発展していく可能性はないでしょう。このズレというのは相手に対する勝手な期待です。


勝手な期待をしがちなのは片思いのとき。一方的に恋心を抱いて、誰かに恋をしているという幸福感を自分だけで感じている、「関係」のない状態です。これは「自己愛」です。

都合のいいときだけ愛されて付き合うのは「無条件の愛」です。相手が自分を本当に愛してくれなくても、自分と一緒に幸せになりたいと考えてくれていなくても、一緒にいられればいい、と思ってしまったりする関係です。「愛は盲目」の状態ですね。

相手が自分を愛してくれなくても、自分が相手を愛しているからいい、というのを、「無償の愛」と混同してしまいがちですが、じつは全く違います。これは無条件の愛で、無条件の愛はいつか変わって終わってしまいますが、無償の愛はいつまでも変わりなく終わりがありません。私たちが求めるべき愛の関係は、無償の愛を与え合う関係です。これは魂の結び付きがなくてはありえません。

魂の結び付きがない無条件の愛に身を投じる人は、自分に自信がなかったり、独りでいられなかったり、相手のイメージ（容姿や職業）にとらわれていたりします。

そのうちきっと自分のことを本気で愛してくれるようになる…と期待しながら、自分に何が足りないのか、などをアレコレ考え苦しんでいるかもしれません。しかし、相手にとってのあなたの存在は、他の人でも取って代われる程度のもので、自分のパートナーとして独占したいと思ってもらってないということです。

人間不信や恋愛恐怖性で、ちゃんと「恋愛」することができない人が、とても多い世の中なのです。恋愛にのめり込めない、本気で誰かを愛せない、誰も自分を本気で愛してくれないだろうと思い込んでいる人は、誠実な恋愛はできません。こういう「恋愛恐怖症」は、自分で「誠実な恋愛」を手に入れて育んでいくことでしか、治療することができないと思います。

無条件で付き合う関係の中でも、あなたは相手の投げかけてくる課題によって、成長しようとしているのかもしれません。相手の理想に自分を合わせようとすることで、自分を作り変えようとしているのかもしれません。

誰だって好きな人のためなら、ものすごく頑張れます。どんな悪条件の関係でも耐え忍んで相手を愛し、自分に足りないと思われるところは必死で補おうとするでしょうから、急成長を遂げることも可能でしょう。しかし、それでも相手に心底愛してもらえなければ、すべての努力と相手に対する期待や夢が、後悔や怒り、悲しみ、自己嫌悪感に変わってしまいます。もともと、その特定の人に愛されるために頑張ったわけですから、その本人に認められなければ、何もかも無意味になってしまいます。

ですから自分を本当に愛してくれているかわからない相手とは、できるだけ早くお別れしてしまいましょう。努力して関係を取り繕ったとしても、「それでもいいんだ」と自分に言い聞かせても、魂は「これは違う」と知っています。グズグズしていると、いつまでも本命を見つけられません。

例えば次のようなことが、自分または相手に当てはまる場合、無条件に、自分が傷つくかもしれないことを知ったうえで、相手を愛しているということです。いろいろな問題を乗り越えたとしても、最終的にはうまくいかなくなる可能性が高いですから気をつけてください。

◇もうすでに誰か付き合っている人がいる、または結婚している。
◇自分の存在は相手にとって、「その他大勢」の一人である。
◇話し合いができない。
◇話を聞いてくれない。
◇何かにつけて返事をしない、または曖昧。
◇自身のことやキャリアが優先で恋愛は後回しにする。
◇愛情を無駄にしてしまう人である。
◇本気で人を好きになれないと思っている。

◇自分が相手のことを好きだとわかっているので、それを利用する。
◇理想ばかりを押し付けてくる。
◇いつも怒らせるようなことばかりする。
◇ウソをつく。
◇行動が把握できないときがある。
◇自分勝手である。
◇好みのタイプでない。
◇話が合わない。
◇遠距離に住んでいて、ほとんど会えない。

ただ、魂レベルでは通じているのに、肉体的には全くご縁がない場合もあります。相手に自分の望む条件のほとんどがそろっているのに、魂が通じない場合もあります。

私たちの一人ひとりに使命があるように、「関係」そのものにも使命があって、その使命にあった関係が自然にできてくるのだと思います。

例えば、魂の接点をすごく感じるような、精神的によい影響やモチベーションを与えてくれるような人に出会っても、お互いに幸せな結婚をしていたり、すでに大切にしている人がいる場合、やはりその関係は魂だけのものとするべきです。

この程度がベストな関係、という程よい距離感というのがありますから、お互いに負担にならない、健全な関係を長く続けられるほうが大切です。

Chapter 4

「お金」が入ってくる人には、こんな理由があります

健康な魂を宿す、健康な肉体を維持していくためには、ある程度のお金が必要です。生活していくための不安などを解消するのがお金です。お金は愛情と尊敬を込めて使わないと、欲となり毒となり魂を曇らせてしまいます。お金を、人や運のように大切に扱って、あなたのお金がよい輪廻《りんね》で活かされていくようにしてください。

魂的には、あなたのお金によって、どれだけ人に純度の高い幸せをもたらしたかが、いちばん大切だと思います。どんな額のお金でも、それを本当に感謝してくれる人のところに流れていくようにしましょう。お金の問題によって、魂が曇ってしまうのは残念です。お金によって感情を振り回されないようにしたいものです。

Rule 1

お金は、あなた自身のことをあらわします

お金儲けができる人は、お金と真剣に取り組んでいます。お金を稼ごうという決意があります。非現実的なことは一切口にもせず、確実にお金を獲得するために行動しています。遠回りにお金を稼ごうなんてしていません。そして現金をみるまで絶対に納得しません。お金持ちはお金が大好きです。お金の持つ偉大なパワーを敬愛しています。

「お金がお金を呼ぶ」のは本当です。お金を大切にしない人に、お金は残りません。

お金に振り回されて苦しんだり、傲慢になったり、醜悪になってしまった人々を目のあたりにして、お金に汚いものを感じる（観じる）こともあるでしょう。お金によって落胆させられることもあるでしょう。しかしお金を根っから嫌ってしまっては、必要なお金さえ寄ってきません。

個人のお金に対する考え方には、その人の生き方そのものが反映されます。お金の使い方、儲け方は、その人の人間関係にもそのまま現われてきます。

浪費家で宵越《よいご》しのお金を持たないタイプの人は、友人関係、恋愛、仕事も消費型になりがちだと思うのです。たとえば幼少の頃にお金や肉親を失ったことが精神的外傷となって、「何かを残す」という建設的な考え方ができなくなって、お金はあるうちに全部使ってしまおうとする人もいます。

いくらお金を使っても、いくらお金を稼いでも満足できない人がいますし、いくらお金や愛情を与えられても不安な人もいます。常にお金を稼いでいないと心配な人は、つきない人生の不安をぬぐうために、常に何かしていないと気がすまないのかもしれません。

お金を無駄にしないように心がけている人は、友人や人生経験など、すべてを無駄にしないように心がけていると思います。

魂はその人の尊厳ですから、お金とは全く異なる次元に存在しています。お金によって魂を洗ったり、魂をコントロールすることはできないと思います。**「魂レベルでお金と接する」ということは、お金の効果によって何を見られる（観られる）か、何を感じる（観じる）ことができるかを重視して、お金を扱うということです。**

魂を磨くことの大切さを見失うことなく、お金儲けを考えようとするのは、ときには大変困難なことかもしれません。魂という土台がしっかりしていなければ、お金のもたらす様々な肉体的快楽に迷わされてしまいます。魂を基準に人生をとらえることができる人には、財を築いたときに、魂が正しいお金の使い方を示してくれます。そういったお金は世の中を浄化し、多くの人々に純度の高い幸せをもたらすことでしょう。

世の中には、大富豪の家に生まれる、大変ラッキーな人もいます。生まれたときから、お金が与えられ、それを世の中の浄化に使うか、自分の快楽に使うか、両方の選択を与えられている大変恵まれた人です。しかし、気をつけないと、お金によって肉体の快楽ばかり得てしまい、それを魂の幸せと勘違いしてしまう危険性があります。

魂の幸せはお金では満たせません。たとえ世の中のすべての物を征しても、魂が満たされていなければ、何か虚しい気持ちになるでしょう。

そういう生まれもってのお金持ちがうらやましい人は、大富豪と結婚する夢を実現させるか、来世では大富豪の家に生まれ落ちることができるように今から祈っておくか、この世を去る瞬間に、次はお金持ちに生まれますように！　と念じてみるのがいいかもしれません。しかし、そんな死後何十年も経ってのことを、いま話しても仕方ないですし、どんなにお金に恵まれても、愛情と尊敬の伴ったお金でなければ、幸せどころか、人の欲や業を背負ってしまうので、ただ「お金が欲しい！」と祈るのはよくないと思います。

とにかく今を生きるお金が必要な人は、魂に「この尊い人生を生きぬかなければいけません。必ずこのような方法（具体的に）で天にお返ししますので、お金が入ってくるように道を開いてください」とお祈りします。

そして、持っているお金を大切にしてください。まず、お財布の中を整頓《せいとん》しましょう。お財布の中は自分の人生像を反映しています。

まず、お札を整頓します。お札を金額や大きさで分けて、同じ向きに並べてから、「ありがとう」の気持ちを込めながらお財布に収めます。ここで敬意の念を込めてください。そして手に持ったお金に「これからもよろしくお願いします」と念を込めてください。その込めた念の分だけ、さらにお金が入ってくると信じましょう。

お金に対する敬意を忘れない人は、お金で失敗することはないでしょう。お金に執着するのと、お金に敬意を払うのでは意味が違います。クレジット・カードにサインをする際や、支払いをする際も同じです。「ありがとうございました」の念を込めてください。このときに不安を感じたら、あなたはお金を正しく扱っていない、ということです。

Rule 2

なぜかいつもお金が足りなくなってしまう人は人生の計算もできません

お金が足りなくなってしまうのは、予定していたものよりも高いものをつい買ってしまったり、実際の所持金がいくらなのかハッキリと認識していないなど、お金の勘定ができないことが原因です。たし算、引き算ができるということが、必ずしもお金の勘定ができるということではありません。精神的なことが原因で、お金の管理ができなくなってしまうのです。

お金の計算ができなければ、人生の計算もできません。プランを立ててお金が使えなければ、自分の人生のプランも立てられないでしょう。自分の予算が見えない人は、自分の現状も把握できていないのでしょう。まずは自分を知る、というところから仕切り直してください。

実際には必要でないものを買ってしまうのは、自分の虚栄心を満たすためです。

たとえば、人からよく見られたい、いかにも成功しているように見られたい、という見栄から無理をして買ったもので身を固めても、そんな自分に魅力を感じて近寄ってくる人は信用できません。

どんなに着飾って、自分以上の自分を演出しても、それはあくまでも虚栄なのです。本来の自分を見抜かれないか、などの不安がつきまとって、堂々と生きることができなくなってしまいます。

お金の使い方は人間関係にも現われてきます。

ついおせっかいをしてしまったり、見栄でおごってしまったり、何かとやりすぎてしまう傾向がある人、自分に自信がないと、きっぱり断われなくて、いらない買い物をしてしまったり、誘いにのってしまったり、お金で何かを得ようとしてしまいます。

独りで頑張っているように見えても、実際にはいつも誰かの助けを求めているのでしょう。

買い物依存症でお金が足りなくなっている人は、お金や物に依存して幸せを買おうとしているのです。

自分の心を物で満たすことはほどほどにして、買えないものは欲しがらないでください。

このような所有欲や虚栄心は肉体の欲です。これを魂でコントロールしなければ、肉体が朽ち果てるまで、この欲求は止まることなく続きます。

お金がない、という恐怖心をまぎらわすために、借金生活に走ってしまったり、経済的破綻まで犯してお金を使う快感にとらわれてしまっても、周りの人には、あなたを止めることができないでしょう。借金地獄に陥って、「お金を返せないという恐怖心」に支配されると、自分の魂を見失ってしまうかもしれません。

まずは自分の人生から無駄を省くことから始めましょう。

実際のところ無理に稼ごうとするより、節約してお金を使わないようにするほうがよっぽどラクなのも確かなのです。

自分がすでに持っているものの整理をしてください。いらない物で売れそうな物は売り払ってください。そして、物を欲しがらない、と決めてください。あれが欲しい、これが欲しいと考える時間やエネルギーを、自分自身の能力を高めることに使いましょう。物欲をそそる雑誌やテレビ、ネット記事などを見るのは避けて、精神を満たす本を読んだり音楽を聴いてください。

等身大の自分で、「何がなくても幸せな自分」になることを考えてください。お金で買えない幸せについて考えてください。外食にお金を使うよりも、自宅でいかに美味しいものを安く作れるか、お金を使わずに自分を楽しませる方法は何か、を考えてください。

メディテーション、ヨガ、運動、散歩、文章を書いたり、絵を描いたり、歌を歌ったり、楽器を演奏したり。クリエイティブになれれば、お金をかけなくても、どんどん幸せを呼び込むことができます。お金を使わずに、お金を作ることに専念すれば、お金が貯まって、そこから再スタートができるでしょう。

Rule 3

「貸して」と言われると断われない。「返して」と言えないのは恐怖心のせいです

人間関係を壊したくないから等の恐怖心で、お金を貸すのは間違いです。何事においても、恐怖心から決断する答えは間違っていると考えてよいでしょう。お金は信用のものさしです。心の底から信用のおける人や、お金には代えられない価値ある関係の人にお金を貸す場合は、最初から返してなどと言うつもりもなく、お金をあげるくらいのつもりで貸してあげることでしょう。

その他の場合は、金融業者でもない限り、基本的に他人にお金を貸さなければいけない理由などありません。もともとないお金を使おうとする人のほうがどうにかしているのです。ですから、お金を貸した後で、同じく恐怖心から、「返して」と言えないのも間違いです。お金をあげたわけではないので、当然返してもらう権利があります。

「本当にお金がなさそうだから」「とりあえず今返してもらわなくてもいいから」「返してもらえなくても仕方ないと、最初から覚悟して貸しているから」「友情（または恋愛関係）が壊れてしまうから」「相手によく思われたいから」「貸すと言ったのは自分で、返してくれと必死になるのはみっともない」などと感じて、いけないとわかっていても、我慢してしまう人もいます。

貸したお金を「返して」と言えなければ、借りた本人は、それに甘んじてしまうでしょう。そして他の人からも借金を重ねてしまうかもしれないのです。同情が相手には毒となって、借金中毒の原因ともなりかねません。借金返済のためのお金を貸すのは絶対にやめましょう。他の人が借りたお金をあなたが返す必要はありません。

人はお金に困って、窮地に追い込まれたときこそ、生命力が強くなり、直感が冴えます。魂の成長にはもっとも大切なときなのです。自分の過去を反省し、建設的な未来のために自分の行動を正す最高のチャンスです。

無責任にお金を貸すことは、その人が自立するための道を遮《さえぎ》ってしまうことにもなるのです。

友人の間での私的なお金の貸し借りは、人間関係を壊してしまうので、基本的には最初から避けるべきだと思います。

お金があり余っていて、貸すことが苦にならない場合でも、お金を借りる側の人が、なぜ自分がお金に困るようなことになるのか、それを正すにはどうすればよいか、などがわかっていて、借りたお金に対する代償を払うことが約束されていなければ、あなたが傷つくことになります。

それはあなたと相手の魂のつながりが強くなければ、ありえません。あなたを心から感謝して、助けてもらったことを一生忘れないような人でなければ、お金を貸すべきではないでしょう。何か仕事を手伝ってもらって、それに対して賃金を支払ってあげるという方法をとるか、断わるほうがいいと思います。

銀行やクレジット・カードやローンを上手に利用するなど、友人にお金を借りなくてもすむ手段はいくらでもあります。お金を借りるための友達として、利用されてしまっているなら、それは本当の友情とは言えません。

「返して」と言えない人は、何か精神的な問題を抱えています。怒られるのが恐い、置き去りにされるのが恐い、もめ事や交渉事が苦手、などといった問題の原因が何か考えてみてください。友達をなくしたくないからという理由でお金を貸して、返してもらえなくて、それを我慢しなければいけなくなるほど、愛情に飢えてしまってはいけません。

今まで体験してきた何かが精神的外傷（トラウマ）になっているのでしょうか。例えば、親との関係で、頼まれると断われない習慣がついてしまったり、まして暴力などでコントロールされてきた人は、相手が誰であれ、とにかく怒らせたくない、何かの拍子に相手が怒るんじゃないか、などと恐怖心が先走りがちです。自分さえ我慢すれば、と考えがちな人も気をつけてください。

自分が「ノー」と言えないことは、お金に対してだけではないはずです。生活のすべての面で、同じような問題があるはずです。

ですからその根本を見直し、今の自分を脅かしている過去の体験や環境は何か、などの原因を追究して、それを浄化すると共に、自分を愛し、自分に自信をもってください。

お金を貸さないからといって、それはケチでも心の狭いということでもありません。「私は、お金の貸し借りはしない主義なのだ」と思いましょう。そうやってきっぱり断わってしまうことが、相手にとって正しい道を示してあげることにもなるのですから。

Rule 4

お金はどれくらいあったら幸せなのでしょうか

お金はどれくらいあったら幸せか…必要なだけあれば、とりあえず幸せですよね。

さて、ではどれだけ必要なのでしょう？

「心配しないでいいくらい」「とりあえず生活できればいい」というのが一般的な答えです。

欲しい金額は、自分の自尊心や自己顕示欲を満たす額でもあるので、ビッグになりたい！　と思っている人は、とりあえず大金を稼げるようになりたいと考えるでしょう。

逆に、素朴な幸せを求める人は、お金を稼ぐために無理をしたくないでしょうし、財産を築きたいという野望を持つよりも、お金を使わずに休暇を充実させることなどを考えるでしょう。

お金がもたらしてくれる幸せには度合があります。どんなに多くの収入があっても、それ以上の出費があると、心は安らぎません。収入は少なくても、ストレスのない、素朴で愛情のこもった生活ができれば幸せでしょう。

いくら豪華な生活をしたい、お金持ちになりたいからといって、儲かるなら一日中でも働くとか、どんなイヤな仕事でもするというのは、かなり危険な駆け引きです。お金のために無理をして、身体をこわしたり精神を病んだりすると、結局幸せにはつながりません。

「何兆円もの財産を築けない限り、私は不幸」などと、極端なことを言う人も少なくありません。お金がすべてじゃないとわかっていながらも、どうしてもお金を中心に人生の価値判断をしてしまうのです。

しかし、そうやってお金を稼いでも、いっこうに不安を拭《ぬぐ》えなかったり、お金を持つことで、さらに不幸を感じる人も出てきます。お金を持ったら持ったで、失うことが心配になるし、お金を目当てに近づいてくる人々も増えます。自分の魅力ではなく、自分の持っているお金の魅力で周りからも判断されてしまいます。

お金で自尊心を満たすことは大変危険です。お金が減れば自分の価値も減ってしまうのです。「お金がすべて」という生き方を選んだ方は、一生お金のために生きなければいけないので、**「お金持ちになる」にも向き不向きがあると思います。**

お金の効力は人間によって発揮されます。

お金は間違って扱うと、人間の精気を吸いとってしまいます。巨額のお金を動かす立場にいる人は気をつけないと、自分のお給料と自分が仕事で扱うお金の額を比べてしまい、自分の価値が小さく見えてしまうこともあります。他人の稼ぎを自分のものと比べて、自分の価値を判断するのもいけません。

自分の自尊心や自己顕示欲が膨らみすぎると、必要以上に莫大《ばくだい》な借金をしてしまったり、必要以上のお金が稼げたときに、必要ないものに散財したり、無駄なものに投資したり、他の人に騙《だま》されて使われてしまったりして、結局お金を失ってしまうこともあります。余分なお金に無駄に振り回されないように気をつけなければ、いくらお金があっても幸せになれません。

大儲けをするにも、貧乏をするにも、ストレスはつきものですから、自分の精神、肉体、魂の健康を蝕《むしば》まない程度のお金があるときが、いちばん幸せなのだと思います。働くことに精が出せて、適当に休養もとれて、出費も適当で、欲しい物を買うのがプレッシャーにならない、そういった状態のときが理想的なのではないでしょうか。

Rule 5

衝動的に買い物がしたくなってしまうときは こんなものを買いましょう

ご存知の通り、衝動買いや衝動食いは、ストレスの溜まりすぎが原因です。思っていることがうまく実現できない、満たされない気持ちを、物を買う、食べるなど、その場で簡単にできることで、まぎらわそうとしているのです。

虚しさや寂しさは大敵です。誰も自分に愛情をくれない、こんなに頑張っているのに誰も認めてくれない、誰も助けてくれない、誰にも頼れない、それならせめて自分に物を与えましょう！　と思ってしまうのでしょう。

衝動は、行き場がなくて余ってしまったエネルギーです。

もちろん、こんなときは魂の存在など、意識の中から影のうすいものになってしまっているでしょう。肉体の欲求が強くなりすぎて、魂の力を封じ込めてかき消してしまっています。

その余っているエネルギーを、正しいタイミングと正しい目的で上手に利用できれば、「やる気」に変わります。こんな衝動は新しいきっかけとなります。どうせ衝動買いをするなら、後で自分で誇りに思えるものを買いましょう。本当に欲しいけど、ちょっともったいないかな…と思うようなものを買うのです。自分への投資として何か買うのなら、自己嫌悪にもなりません。

衝動買いの応用編として、以前から取ってみたかったクラスを受けてみる、スポーツクラブに入会する、海外旅行をする、なんていうのもいいでしょう。

むやみやたらと衝動買いするようになってしまったときは重症です。こんなに働いてるんだから！　と納得できるうちは大丈夫ですが、借金してまで買ったり、買い物中毒症になると困ります。衝動買いで、いらない物をドンドン増やしても、自己嫌悪になるだけです。

衝動買いがしたくなるのは、肉体の欲求不満であると共に、魂の枯渇の現われでもあります。魂を満たすことをしてください。散歩に出かけるとか、お茶会に参加するとか、田舎に旅行に出かけるとか、本を読むとか。娯楽のテレビを観るのをやめたり、物欲をそそるものから遠ざかって、肉体の欲を干すのも効果的です。

まず地道に生活している人をお手本にして、自分の物欲を静めてください。物欲を全開にして派手に生きている友達とは、一時的に距離を置きましょう。しばらくの間は、何か欲しい物を見つけても買わないで、物を買わなくてもちゃんと幸せでいられる自分を確立することに専念するのです。

さらに、いらない物を捨てて、「自分の人生に無駄な物」すべてについて考えましょう。

魂の存在を考えてください。魂のレベルで本当に欲しいものは何でしょう。何がないからストレスがたまるのですか。それを手に入れるためには、何をすればいいのでしょうか。

私たちのお金の使い方は人生のあらゆる面にいろいろな形で出てくるのです。

衝動買いをするように、いらない人間関係を作ってしまったり、不必要な転職を重ねてしまったりすることもあるのです。

考えようによっては、お金がないと衝動買いもできませんから、たまの衝動買いで散財しては、地道な生活を続けていければ、それなりにヘルシーなのかもしれませんね。

衝動買いをしがちな人が衝動買いをしなくなったときに、人としての大きな転機が来たのだと自覚できるでしょう。物や感情に振りまわされない、執着しない自分ができたということです。何がなくても幸せな自分ができた！　ということですね。

Rule 6

お金は使い方で、運に変わります

金運を高めるいちばんの方法は、感謝の気持ちでお金に接することです。自分の手元に入ってきたお金に感謝をして、大切に使いましょう。

「金は天下のまわりもの」と言いますが、**私は「お金と親切は天のまわりもの」だと思います。お金は愛情と尊敬を込めて使うと運となり、そうでないと欲となり毒となります。**

お金を大切な友達のように扱ってください。決して使い捨ててはイケナイのです。自分にまわってきたお金が、善良な人に、気持ちよく流れていくように心がけましょう。

お守り、お参り、呪文、風水や気学など、金運を高めてくれそうな方法を駆使して、金運を高めようというモチベーションを持つのは楽しいものです。

「お金儲けの才能」＝「お金儲けのための直感」を磨く方法を紹介した本はいろいろあります。しかし、極端にお金が欲しい、欲しい、と必死になるのも、お金がない、ない、とイジけるのも、何だか金運が逃げていきそうですよね。

お金に執着している人のエネルギーは、周囲の人の居心地を悪くします。まるで何かの禁断症状を起こしている人と接しているような感じです。お金に執着している人（お金に欲深い人、または極端に困っている人）は、お金のことを考えると、他のことが考えられなくなってしまうからでしょう。

お金が欲しいから「金運さえあればいい」と、恋愛運、結婚運、家族運、友人運、健康運のすべてを、金運に注ぎ込んでしまおうとする人もいます。自然の法則により、運は上がれば必ず下がるものなので、たとえお金の運を高めることに専念して、その効果があったとしても、金運が下がってしまったときに、他には何もなくなってしまいます。

金運がないと思われる理由も、考えましょう。金運がないと感じる人は、せっかくの金運を無駄にしていないかチェックしてください。いらないことにお金が出ていっていたり、欲ばかりが先走って、実際には存在しないお金の幻覚を見ていませんか。きっとどこかで金運を無駄にしているはずです。

お金に充分な敬意と感謝の気持ちを払っていますか？
または金運を吸いとるような人が周囲にいませんか？
金運を消耗する原因は何ですか？

お金のある人は、いかにお金を維持するか常に考えています。お金を上手に使うことで、さらにお金を作っていくのです。お金がお金を呼ぶように、借金は借金を呼ぶと思います。

天性でお金に執着しない人は、お金儲けに執着してはいけないと思います。幸せは何かと考えたときに、お金じゃないと思える人や、お金のことを考えることさえストレスになる人は、お金持ちになることを人生の目標にしてはいけません。

必要以上のお金を作ろうとするストレスが、心身を害し、魂をすりへらします。命取りにもなりかねないので、くれぐれも自分を知ったうえで、お金儲けを考えてください。

あなたの魂に、必要以上のお金を受け入れる準備ができていない場合、お金を作ろうとする行為そのものや、せっかく儲かったお金が、幸せをもたらすどころか、あなたの人生を完全に狂わせ、心も身体も蝕《むしば》まれてしまうかもしれません。

お金は「火」のようなものです。なければ生活に困りますし、扱い方を知らなければ、火傷をしたり、火事になったりします。お金を増やすというのは、お金の火を起こして、それを絶やさないようにしながら、釜をつくり、暖炉をつくり…そんな過程でお金の炎を大きくしていくような感じです。大金を維持するには、まず大きな魂の炉を作らなければいけません。

金運がなかなか上がらないときは、お金で人生が狂わないように、天が守ってくださっているのだと考えてください。今のあなたの目標、夢や使命を果たすために一生懸命に生きれば運が上がります。すると金運も上がるでしょう。

金運を高めるお祈りと、日々の努力を重ねてください。そしてお金が入ったときは、その一部を自分や周囲の人々の魂の成長に貢献する目的で使うようにしてください。すると、あなたにまわってきたお金が清浄な輪廻で使命を果たせます。

先祖供養や、家族をはじめ、自分の魂に良い影響をくれる人々にお礼をしたり、精魂込めてお仕事されている方のビジネスをサポートしたりすれば、どんなに小さな額でも、あなたを心から感謝してくれる人のためにお金を活かすことができます。

お金によってもたらされる欲望に振り回されない、健康な精神状態、人間関係を保てるように、現時点でのお金と自分、そしてそれにまつわる周囲の人との関係を健全に保つように努力しましょう。

同時に、頑丈で清らかな魂を磨き上げましょう。健康な魂があれば、必ず健康な金運に恵まれるでしょう。

親という最大の課題、親子呪縛を解きましょう

私たちが人生で抱えるほとんどの問題、そして社会のほとんどの問題は、親との関係が原因であると言えるでしょう。

私たちは生まれてから最低15年くらいは、親または親代わりの人の性質や言動の良い部分も悪い部分も、すべて吸収しながら自分の土台を創っていきます。毎日の生活の中で塗り込められるように、親の習慣が自分の中に入り込んできます。

こうして私たちの親たちも、その親たちから影響を受けていますから、祖先の影響を代々にわたって受け継いでいることになります。

私自身は、自分は親とは違う、親とは違った人生を歩んでみたいと、ずーっと思い続けてきましたが、今となって振り返ると、結局自分の身体は親の分身で、自分の目的は、先祖代々受け継いできている課題を取り払うためだと思うようになりました。

親が抱えている問題や課題を取り払って、自分や自分の子供たちにそれが影響しない

ようにするために、自分の人生があるような感じです。

私はこの課題から逃げて自己を確立するために、はるばるアメリカまで来たものの、結局は「自分の中にある親の課題」を解決しなければ、自分自身が幸せになれないということがハッキリしました。そして自己を確立するというのは、これらの課題を乗り越えられる自分を確立するということだと思っています。

この「親の課題」というのは、自分と親の関係、そして自分の親とその親たちとの関係にまつわる課題です。また親が抱えている問題そのものも、やはり自分の問題として解決しなければいけません。

私たちは、本当の自分、完成された自分を創るために親元を離れたり、恋愛をします。親とは違う影響を与えてくれる人の存在によって、親が与えてくれたこと、与えてくれなかったことのすべてを得ようとします。こうして一生かけて、親との課題を解決しようとしています。親の色がついている自分の魂を自分色にして、それをさらに磨きあげて透明にしていく感じでしょうか。

親に対する残念無念な気持ちが残ってしまっては、究極の幸せは得られません。どんなに自分が成功しても、親が苦しんでいたり、親に対する怒りや恨《うら》みが晴れないと、それが唯一の後悔として残ってしまいます。いくつになっても親を責めている人がいますが、これは最悪の状態です。まして親が亡くなっているのに、それでも自分の不幸を親のせいにしてしまうのは、責任逃れをしようとしていることです。

たとえ親がどんなに不幸でも、まず自分は幸せにならなければいけません。そして自分の幸せをつかんだら、親を不幸から引きずり出してあげなければいけません。親の中にある、祖先に対する無念さを晴らしてあげなければ、その苦しみから解放されないでしょう。あなたが、自分は幸せだけど親は可哀想だ、などと思わなくてすむように、愛情で、親の不安や怒り、悲しみなどを晴れさせてあげてください。あなたの親がその親から与えてもらえなかったものを、あなたが与えてあげてください。

親とのスキンシップやコミュニケーションがうまくとれなかった人は、子供に対してもどうすればいいのか、わかっていないかもしれません。あなたが親と充分なコミュニケーションがとれないことで悲しい思いをしたなら、その方法を逆に教えてあげられる立場になってあげてください。そのためには自分がスキンシップやコミュニケーションをうまくとれるようになりましょう。

お金も上手に使えば、そうした親と問題を解決する鍵になります。しかし気をつけないと、お金によって親子の傷を深めてしまうこともありますから、お金を差し出すにも、受けとるにも、愛情と尊敬の気持ちが込められていなければいけません。でないとお金は欲となり毒となり、家族までも破壊してしまいます。

人生最大のチャレンジのひとつとして、親など身近な人が最大の敵だという場合もあります。友人や仕事には恵まれているのに、親からは全く理解を得られない、自分も親の考え方に同意できない、さらに親によって自分の可能性を閉ざされてしまう…。なぜそうなるかというと、親もその親から否定的な態度をとられてきたのだと思います。親のあなたに対する態度は、自分たちの経験からくるものです。これを浄化しましょう。

こういった肉親との障害を乗り越えるというのは、一生をかけて果たせるかどうかもわからないくらい、難しい課題です。しかし、この課題を乗り越えることができたら、生きていく上で、たいていの問題が難なく解決できるようになるくらい、人間的に成長できるはずです。親に与えられる問題は、自分にとって究極の課題ですから、どんなに傷つけられても、慈愛の精神を持って、一生かけて取り組んでいかないと、どんなに他の部分で成功しても、自分の心にシコリが残ってしまいます。

自分を完成させるには、親から与えられたよい部分を活かし、悪い部分を取り去って、新しい自分を足していきましょう。何でも親にすがりついて、親に判断させているようでは、本当の自分の能力や可能性が見えてきません。親が考えられる範囲内でしか行動できないからです。

もちろん親は人生の先輩ですから、経験や知識で、あなたを守ることに必死でしょう。しかし、あなたの人生には親が与えてくれたものと、それプラス新しい可能性があるのです。この新しい可能性はあなたしか切り開くことができません。あなたすら想像もつかないような可能性が待っているのに、それを過保護で無駄にしてしまってはいけないでしょう。自分のことは自分で決められなければ、人生が人任せになってしまいます。

とはいえ私たちは単独で自己を完成させることはできません。自分を向上させていくには、必ずよいお手本となる人が必要です。肉親以外にも、そんな親のような存在の人を見つけて、人生を学びとることも大切です。そして自分も他の人のために親的な存在になれるように、努力することが、私たちを成長させてくれます。

何か自分に問題があるとき、親との関係が原因になっていないか、考えてください。自分のルーツに戻って、親との問題が、自分の物事のとらえ方や、周囲の人との接し方に悪く影響していないか、常にチェックしてください。親が障害にならないように、または親の障害にならないように、親と自分の魂の透明度を同じレベルに保てるようにしてください。せめて同じくらい幸せでいられるようにしたいものです。

守護霊との課題

私達には、守護霊というコンセプトがあります。

たとえそれを信じられない人にも、ご先祖さまが必ずいます。

私達とご先祖さまはDNAでつながっています。これが私達と守護霊の関係です。

ご先祖さまがいたと考えるだけで、自分の生命の源に触れられる感じがして生きる力が強くなる気がしないでしょうか。

私のリーディングでは、守護霊様はご先祖様であることがほとんどで、子孫のことが心配で守ってくださっているようです。霊も感覚としては生きていたときと同じで、最愛の身内のことを守ろうとします。

ご先祖様としては、あなたを助けることで徳を積まれて、そのうち心配する必要がなくなったら、そこで天に戻られるか、新しく生を受けて人生を再スタートするか決められるのではないかと、私は感じます。

しかしあなたがいつまでも助けを求めていては、先に進むことができません。ご先祖様もやり残したことがいっぱいあるでしょうが、ご先祖様が生前やり遂げられなかったことをあなたが達成するには、ご先祖様のお導き以上に、あなた独自の新しい可能性をつかむパワーが必要です。これは自分の力で人生を切り開く自信をつけることです。するとご先祖様を安心させて天に返してさしあげることができます。

生前からひきずっている無念さや、遺族に対する心配で、天にも戻れず、新しい人生を始める決心もできないご先祖様の魂を癒してあげられるのは、遺族の方々の感謝の気持ちと愛情ではないかと思います。これは、私が魂リーディングで観えるイメージであり、亡くなった私の父が心配しているイメージが観えていたのが、私が自分で生きていくことに自信が持てるようになった頃から、出てこなくなったという経験から感じることです。

Rule 1

望むような自分には誰でもなれるんです

まずは、「なりたい自分」について具体的に書き出してみましょう。

こんな風になりたい、あの人みたいになりたい等、目標を決めてください。意外と、この時点ですでに挫折する人が多いはずです。あんな風になりたい！　と一瞬思ったものの、「やっぱり無理」とか、「そこまでしたくない」とか、思ってしまうこともよくあります。ですから、自分の心にしっかりと問いかけてみます。そして、書き出してみましょう。

本当に、そうなりたいのでしょうか。
なぜ、そうなりたいのでしょうか。
どうやって、そうなるのでしょうか。

あなたの考えている「なりたい自分」は、ただ他の人がうらやましいだけで、自分が実際にそうなりたいわけではないかもしれません。

「憧れているだけ」というのは、自分には全くない要素を持ちそろえた人を、うらやましく思っていることで、そんな根本的に自分とはズレたイメージばかり追ってしまうと、時間をムダにしてしまいます。**「本当に自分が求める自分」は、自分の素質を最大限に活かした、最高の自分なのです。**

自分が得意なこととか、つい夢中になってしまう分野とか、自分にとっては当たり前になっているような技や知恵が、あなたの最大の武器ですから、それを見逃さないようにしてください。「こんなこと、誰にでもできるんじゃないの？」と自分では評価していない得意技が、意外と世の中で重宝されるのです。

最高の自分を確立するには、自分が最も得意とすることを、最大限に伸ばして、常に前向きでクリエイティブでいてください。これができれば、あれもできるかな、新しいことに応用してみよう、もうちょっと高度な技術に挑戦してみよう、人の反応を見ようなど、どんどん新しいアイデアが浮かんでくるようになったら、自分の可能性がたくさん見えてきますし、そんな可能性を秘めた自分を愛せるようになれるはずです。そこを足がかりにすれば、本当になりたい自分が見えてきます。

「自分の好きなところなんてナイ！」という人も、自分が嫌いだから他の誰かになりたい！　と自分じゃない自分になろうとして、頑張り続けたところで限界があります。何から始めたらいいか、その第一歩もわからない人は、とにかく自分を向上させてくれそうなことに、片っぱしから挑戦してみましょう。

いろんな自己願望をまとめて、「なりたい自分」が決まったら、すぐに実現する行動に移りましょう。ここから一生モノの「なりたい自分形成プロジェクト」が始まります！

やせる。キレイになる。勉強して知識を得る。やれるコトはたくさん、山のようにあると思いますが、**「大好きな自分であり続ける」ことを決して忘れないように！**でないと、「自分じゃない誰か」になることに一生を費やしてしまいます！

「自分じゃない誰か」みたいになりたいと思うことは、自分を向上させるモチベーションとして効果的な場合もありますが、それにのめり込んでしまうと、自己逃避になってしまいます。

自分が大好きなこと、魂の底からやりたい！　と思うことをやらないと、「本当になりたい自分」にはなれません。ですから、迷わず大好きなことを追求してください。なりたい自分というのは、大好きな自分ということです。

Rule 2

小さな夢をたくさん叶えましょう。大きな夢も叶いやすくなります

夢を叶えるには、お祈りするのがいちばんです。お祈りのパワーは絶大です。そんな神がかりのようなことは迷信だと思う人は、お祈りする、または念じることで自己暗示をかけて、自分の夢を叶えるきっかけをつかむための直感を研《と》ぎ澄《す》ますのだと考えてください。何に祈るかというと、自分の命そのものです。命というエネルギーが生まれる、宇宙の仕組そのもの（天）にお願いするようなつもりで、自分の夢を叶えてくださいと念じます。

お祈りは完璧でなければいけません。お祈りすることは一見簡単なようで、じつは大変難しいのです。

「…なりますように！」と祈っても、希望の一部分しか念じられないことが多いのです。希望のすべてを完璧に祈りきることが難しいのです。それから、自分の望ん

だことを与えてもらった際には、必ずお受け取りすると約束してください。

お祈りをするときは本気で祈ってください。祈りが届くように、全身全霊のエネルギーを天に飛ばしてください。簡単に言えば、どこか上のほうにです。

お祈りの内容はあくまでも具体的でなければ、効果が現われにくくなってしまいます。

「お金が入りますように」「誰かに出会えますように」「結婚できますように」…こういったお祈りは的を射ているようですが、じつはとても漠然としています。いくら欲しいのか、どんな人に出会いたいのか、どんな人と結婚したいのか、いつまでに実現させたいのか、そういった細かいところまでお祈りしてください。でないとお金が入ってきても、必要額に足らなかったり、誰かと出会っても気に入らなかったりするのです。

私にお祈りの経験も人生経験も浅かった頃、中途半端なお祈りをしては、「やっぱり違うなー」と痛感したものです。

20代の頃、「一万ドルくらい誰かくれないかなー」とふっと考えました。別に念じたワケではないのですが、無意識にお祈りしていたのかもしれません。すると翌日、朝いちばんに新聞を買いにスタンドに行ったら、そこで80歳は過ぎていそうな男性に、「僕は君が一万ドル必要だって言ったら、すぐにでも差し出すような男だよ、ガール・フレンドにならないかい？」と言われて、それはもうビックリしてしまいました。天に「そういう意味じゃなかったんですけど！」とご報告とお詫びをして、そのお誘いも、もちろんお断わりしましたが、つくづく軽々しいお願いはしてはいけないと思い知らされました。

正しいお祈りの仕方は、言わばインターネットで商品を注文するときのような感じです。お目当てが決まったら、自分のインフォメーションを表記し、代金を払うことを約束した上で、注文をサブミット!!するくらいの勢いでお祈りしてください。この場合は返品不可能です。気に入らないものが天から送られてきたら、自分の注文ミスということです。

夢を叶えるには、まずは夢が叶うように祈ること。夢を叶える決心ができるように祈ること。夢を叶えるために、必要な行動力と忍耐力をつけること。決してあきらめないと誓うこと。すぐに結果が出なくても、一時的に悪い結果が出てしまっても、何らかの方法で夢に近づこうとする努力を怠らないこと。

夢は見失ってしまうと一瞬にして後悔に変わってしまいます。後悔しないためには夢を追いかけ続けなければいけません。夢が叶うことよりも、夢を叶えるために努力できることに幸せを感じましょう。

夢に近づいていく途中で、どんな体験をするか、その体験から何かが学べることをありがたく感じてください。

自分が思い描いた通りにいかないときや、自分で思い描いていた夢に確信が持てなくなったときは、何か他のアプローチ方法はないのか探してみましょう。夢は変幻自在で、複数存在します。時には夢を叶えることよりも、夢を持ち続けることのほうが難しくなることもあります。いきづまったときは初心に戻って、まず夢と希望を持ち直せるように、お祈りしてください。

夢を持つということは、人生の目標を持つということで、自分の将来の可能性を直感で予知しているということです。

魂の目で、どうすれば最高の幸せや達成感を味わえるかを透視しているということです。夢を叶えるということは、自分で予知した可能性を追って、それを実現させるということです。「夢かもしれないけれど、やってみたい」と思うことは、それを将来実現させる可能性が充分あるから、そのビジョンが空想として出てくるのです。あとは努力次第です。

とにかく、なるだけ多くの夢を叶えましょう。どんな小さな夢でも、その手に入れるかどうかで、人生の充実感が変わってきます。その夢とは、大きくても小さくても、自分の心の中に芽生えた意欲、浮かんだアイデアのすべてを「夢」とみなしてください。

私たちは夢を叶えるために生まれてきているのです。天から「夢を叶えるように」と期待されて、この世に送られてきているのだと思います。

夢が私たちに動機を与え、私たちを導き、成長させてくれます。責任を持って、夢を叶える努力をしましょう。

これがしたいな、あれが欲しいな、ああなりたいな、こんな気持ちのすべてを夢として、その夢を実現させるために、毎日行動してください。そして、小さな夢が積もって、大きな夢になることを楽しみにしてください。あなたの夢が大きく美しいものであればあるほど、あなた自身もより大きく美しく生きられることでしょう。

Rule 3

素直になると、どんなことにも自然に答えが出てきます

素直になれないと損することが多いです。

例えば、甘えたいのに甘えられない。助けてもらいたいのに強がりを言ってしまうなど。人に甘えて、人生なんとかなっている人がたくさんいると同時に、人から助けを借りることが苦手で、「どうしても人に甘えられない！」と苦しんでいる人もまた、たくさんいらっしゃいます。

素直になれる、素直になれない、というのはとても習慣的なものです。私達のほとんどが、素直に育ったか、素直になれずに育ったかという、生い立ちに大きく影響されています。

親に甘やかしてもらえずに育った人、親や兄弟から助けてもらえずに一人で育った人は、なんでも一人でやることが当たり前となってしまい、助けを求めるどころ

か、助けてもらう必要など感じなくなってしまうのです。

子供らしく素直に振る舞えないまま、いつも何か我慢させられて育つと、素直に自分の気持ちを表現できない大人になってしまいます。人に甘えると借りをつくるんじゃないか、甘えちゃイケナイ、甘えるのはズルイことだと感じてしまう人もいます。

自分の中に閉じ込めてきた親との経験や親に対する恐怖心、怒りなどが、素直になれない原因となって、一生自分を苦しめることもあります。

心で「こうしたい！」と思っても、素直にそれができない原因は、過去に体験した恐怖心から、何か悪い結果を予想して怯《おび》えている、または過去の怒りがぶり返してきて、つい素直でない言動に走ってしまうからかもしれません。

素直になれないときは、何かから自分を守ろうとして、知識が直感と戦っているのでしょう。

コンプレックスが強い人もそれを隠そうとするので、素直になりにくいのです。

素直になれないときというのは、自分のイメージのなかで葛藤していたり、素直になったら相手に負けるんじゃないか、利用されるんじゃないか、傷つけられるんじゃないかなど、漠然とした危機感があるから、心を閉ざしてしまうのでしょう。

直感的にどうしたいのか知っているのに、それに素直に従えないばかりに期待に沿わない結果になると、ああすればよかった、こうすればよかった、でもあのときはこう思ったから…などと後から考えてしまいます。

素直というのは、自分の直感や自分の気持ちに抵抗しない、従順でいられるということなのです。

直感で素直に判断したことなら、どんな結果でも素直に受け止められるでしょう。素直に始まったことは素直に終わります。それは確かに、自分の魂の声に従ったことになるのです。**直感で「これは大丈夫だろう」と判断したことを信じる自信を持ちましょう。**

素直さは、子供のものというような印象があるかもしれませんが、大人になってからのほうが、「素直に自分の気持ちを表現する」ということが大事だと思います。

過去に戻って素直になれない理由をハッキリさせましょう。同時に、自分自身を受け入れ、「素直になれない自分を解放する」課題に取り組んでください。

「素直になれない自分を解放する」には、あらゆる恐れから解放されることです。物事をありのままにとらえて、勝手な憶測や期待をしないことです。そうすると、良くも悪くも、自然にそれなりの結果が予想できます。自然な結果に失敗も成功もありません。物事はなるようにしかならないのです。

どんなに素直になれないときも、いちばん率直な気持ちを表現しようとするのが素直であるということです。素直に喜べなかったり、素直に納得できなくても、「ちょっと違うけど、まあイイか」と、そのままの気持ちを表現すればよいでしょう。どんな困難にぶち当たっても、自分の素直な気持ちは守り通したと思えれば、結果がどうであれ、将来への希望へとつながっていきます。

素直になると、自分の中で絡《から》まっていたものがほどけてゆくような感じがするでしょう。迷路のようになっていた思考回路がすんなり開かれ、自然と答えが解けてゆきます。心のわだかまりが消え、ブロックが取れて、愛情のやりとりが自由にできるようになれば、過去からの傷も癒されてゆきます。

イエスもノーも感じるままに素直に生きる以外に、人として最良のあり方はないと思います。素直であり続けることは、後悔のない人生を遂げるためにとても大切なことです。

Rule 4

自分に自信がなくて、どうにもならないときの落ち着くメディテーションの方法

自信がない、ということを言いかえると、魂とのコネクションが遮断《しゃだん》されている、ということです。自分が何をしようとしているのかわからなくなって、直感も働かなくなってしまっている状態です。先がどうなるのか予想がつかないので、悪いことばかり考えて、恐怖心に包まれています。ピンとくる感じはなく、すべてドンヨリした感じでしょう。

これに比べ自信があるときは、理由もなく確信があるときです。魂が研ぎ澄まされて、直感がみなぎっています。どんどんクリエイティブなアイデアが生まれ、できそうもないと思ったことが実現する。ダメモトで挑戦したことがうまくいったり、自分の直感通りに行動して、それが当たる。そんなときは、どんなに大変な目にあってもクジケナイ自分を確信できるので、揺るぎない自信が持てます。

他の人に褒《ほ》めてもらったくらいでは、本当の自信にはなりません。そんな自信は、別の人に批判された瞬間に崩れ去ってしまいます。

「いつも自分のベストを尽くしている」「自分の気持ちは純粋である」「嘘はつかない」「言ったことは行動に移すようにしている」「曖昧なことは言わない」など、これだけは保証できる！　という生き方を守っていれば、自然に自信へとつながっていくはずです。

自分は何でもできる、どんな最悪な状態も乗り切ってみせると考えてください。**成功して得られる自信よりも、失敗を乗り越えて克服した自信のほうがパワフルです。**

多少失敗しても怖がらずに行動する、どんなドン底に落ちても、魂に光を絶やさないでください。これは希望を捨てないでくださいということです。**今まであなたを守ってきてくださった、見えない不思議な力が、これからも守ってくださると信じてください。そして健康な身体を維持すること。**健康を害すると自信がなくなります。**ちゃんと生きてさえいれば、今日は悪い日でも、明日はよい日にすることが**

できます。

自信がなくてパニックに陥ったときは、まずは静止して呼吸を整えてください。一つひとつの呼吸が、あなたの自信になっていくと想像しながら、丁寧に呼吸をしてください。最初は浅い呼吸でもかまいません。リズムが整ってきたら、少しずつ深い呼吸にしていきます。ポジティブなエネルギーを吸うように鼻から息を吸って、一度胸で止めます。今度は胸にたまったネガティブなエネルギーを吐き出すように、ハァーッと口から空気を吐き出してください。自分の中にたまっている、イヤな感じや不安な気持ちが薄くなって消えるまで、この呼吸をくり返してください。

少し胸がスッキリしたら、今度は、天から眩《まぶ》しい金色の光が降りてきて、それが頭のてっぺんから、あなたの身体に入っていって、胸に広がっていく様子を想像してください。それが暖かい、愛情に満ちた、ポジティブなエネルギーとなって、自分の身体の中心から湧き出る様子を想像してください。そしてそのエネルギーで自分をスッポリ包んでください。さらに、そのエネルギーを自分の両手から放出する様子を想像してください。

慣れたら、さらに身体全体からそのポジティブなエネルギーが出ている様子を想像します。そして自分のいる空間を、そのエネルギーでいっぱいにするように想像してください。それができたら、自分のいる空間の外にもエネルギーを飛ばすようにしてください。

このメディテーションの方法をマスターして、目を開けていてもできるようになってください。このメディテーションをきちんとやった直後のあなたは、どんな状況でも、何の裏付けもなく自信に満ちあふれていることでしょう！　ここからはどんどん行動するのみです。頑張ってください。

Rule 5

自分のことが嫌いという人へ
自分を変えなくてもいいんです。受け入れましょう

この世には、自分のことが大好きな人と、自分のことが大嫌いだという人がいます。生まれてよかった！　と素直に喜べる人は自分が好きでしょうし、自分が嫌いな人は、生まれてくるんじゃなかった！　と思うかもしれません。これは今の自分自身プラス、過去世の影響や親の影響などもあると思います。

自分のことが大嫌いという人にお聞きします。

自分を嫌いになった理由は何ですか？　いつから自分を嫌いになったのでしょうか？

何をしたときに自分を嫌いだと思ったのでしょう？　なぜ自分を嫌いになるようなことをしたのでしょう？

自分の嫌いなところについて、徹底的に考えてみましょう。それから、本当に自分自身のことが嫌いなのか、それとも、今ある自分の生活、自分の人生が嫌いなのかも考えてください。

思い通りに物事がいかないのを、自分だけのせいにしているとか、自分でイケナイとわかっているのに自分の行動を正せないとか、幼い頃からコンプレックスばかりで、生まれてこのかた自分のことを好きだと思ったことがないとか。または自分には何もいいことがない、自分は不幸だといって、自分の人生や運を嫌っている人。自分を大嫌いになるには、相当煮つまっているはずですから、これを前向きに取って、自分呪縛から解放されることを考えてください。

私達人間の素晴しいところは、本当に嫌だったら、何でも努力次第で変えられる能力を持っているところです。自分のことが好きか嫌いか、などと考えるのは人間だけです。本来なら、ひたすら自分を愛し、人を愛して精一杯生きていくべきなのに、自分のことばかり考えては、批判的になっていないでしょうか。

自分を好きになるには、まず他の人に喜んでもらえることをしましょう。誰かに感謝される立場になると、自分のよさがわかるようになるでしょう。

自分は使命を持ってこの世に生まれてきた尊い命なのだ、ということを忘れないでください。あなたのちょっとした気遣いひとつで、多くの人々を幸せにしてあげることが可能なのです。自分を嫌う人は自分の価値や可能性を知らない人です。自分のいちばんいいところを、最大限に使おうと努力をしていないのでしょう。

人に感謝されるようなことができないと、自分の果たせる役目も見つけられないで、ますます自分の価値を見失って、自分が嫌になってしまうかもしれません。「こんなの嫌だ」と思う生活をしている人は、生活を変えてみましょう。

自分の好きなところも嫌いなところも、ありのままに受け入れて、好きなところは伸ばし、嫌いなところは、好きになれるように修正してください。自分の顔が嫌いでも、性格が嫌いでも、これはすべてあなた自身の一部なのです。

自分が嫌いなところは、自分にとっての最大の課題で、それを克服することが自分の使命のひとつだと考えてください。怒りっぽいなら、その分だけ優しくなるとか、口下手なら、誠実な態度で示すとか。自分の容姿が嫌いでも、まずそれを受け入れなければ自分を否定してしまうことになります。自分は嫌いでも他の人から見ると魅力的に見える部分もあるでしょう。嫌いなところを直そうとする前に、それを受け入れてください。

嫌いなところも、**もしかしたら、あなたしかもっていない特別なところかもしれません。**「これも私だけのスペシャル」と「受け入れて」しまいましょう。**嫌いなところを直すというよりも、それと上手に付き合っていく方法を身につけてください。**

自分が嫌いだと思うところを、すべて変えたところで、本当に自分が好きになれるという保証はないのですから。逆に、自分の嫌いな鼻やほくろがトレードマークになったモデルさんや、太っていたから役をもらえた役者さんとか、自分が苦手だったことを克服したら、それが事業につながった人など、自分の嫌いなところが幸福をもたらしたといくケースがたくさんあります。

世界の革命的な偉業を成し遂げた人々の多くは、自分の欠点を克服することで、最強の才能を発揮しています。そういった欠点を乗り越える力に私たちは魅力を感じます。障害が大きいほど、それを乗り越える力が偉大になって、その人の魅力や実力も最強になるでしょう。

それでも自分のよいところなんてひとつもナイ！　としか思えない人は、小さな自分のパーツから好きになれるように、工夫してみてください。

まず自分の容姿を受け入れられなければ、その他のことも受け入れられません。奇麗な指先になるように爪を整えて磨いたり、顔の印象を明るくするために眉を整えたり、髪形を変えてみたり。今の自分をもう一度よーく見つめてみて、「あれ？　意外とここならまんざら悪くないかも」と思うところを好きになるようにしてみましょう。

そのうちに、容姿なんか気にして自信をなくしてる場合じゃない、他にもやるべきことがいっぱいある！　と思えるところまでいけたら、そこからが本当に自分を好きになるためのチャレンジの始まりです。

決して痩せなきゃ何も変わらないとか、あれがないから、これがないからなどと、ないもののせいにしないでください。何もなくても幸せな自分を持たなければ、究極の幸せはきません。

人生の素晴らしいところは、いつでも改善するのに遅くはない、ということです。

そして、自分で決めてやってきたことが、たとえ失敗に終わっても、それで自分が終わったとは考えないでください。自分でやったことの責任を取りさえすればいいのです。

責任を取るというのは、人や環境のせいにしないということです。

結果が良くも悪くも、それを素直に認め、そこからさらに改善してゆけるように、努力をしてください。

自分が嫌いだといって、逃げないでください。自分を愛せなければ、他の人を愛することもできません。愛を持って自分と取り組んで、自己嫌悪を脱出しましょう。

Rule 6

みじめな人生を選びますか。それとも幸せな人生を選びますか

幸せな人生って、何でしょう。

生きている毎秒を幸せと感じられること。自分に命を与えてくれたご先祖様に感謝ができること。自分の人生に納得できること。いつも目標があること。自分の魂が澄みきっていること。健康で食事が美味しいこと。愛し愛される人がいること。どんな小さなことにも喜べること。そして、どんな小さなことにも、魂的な意味を感じること…。

私が最も憧れる人は、すべての現状をありのままに受け止めて、どんなに困難な状況にいても自信を失わない人です。魂が汚れたり、病んだりしていない、自信のある人です。

迷い、嘘、偽り、疑いなどがあったりすると、魂は汚れ、病んでしまいます。す

ると、純粋に物事をとらえる力が弱りきって、考え方も屈折してしまいます。

純真で正直に生きている人の魂は、自信に満ちあふれて光り輝いています。自信があると自然と愛情も湧き出てきます。愛情に満ちあふれた人は幸せで、魂は澄んでいます。

精一杯生きている人の笑顔は素敵です。人生そのものをありがたく受けとめられる、それが幸せな人生です。どんな不幸な環境の中に置かれても、幸せを見つけることはできます。

私たちはいつも、幸せをとるか、みじめをとるかのチョイスを与えられています。

みじめとは、ネガティブな感情や状況に固執してしまうことで、悪いほうにばかり物事をとらえ、悲劇のどん底に居ついてしまうことです。そこから這《は》い上がることすら考えもしないで、暗闇を見つめて、どうしてそうなってしまったのか、どこで間違ったのか、どうするべきだったのかなどと、過去のことばかり考えて、将来の可能性を観ていないという状態です。

逆に幸せを選ぶというのは、どんな闇の中でも、希望を捨てないということです。

魂の目で、いま実際には見えていない未来の可能性を観ることが、幸せにつながります。

とことん自分の可能性を追求してゆける、何度失敗してもさらに挑戦して、やはり生きていることは素晴らしいと実感を持てる、生きている限り、無限大の可能性に満ちていると感じられるのは、幸せな人生なのです。

人生の試練は受けてたつしかありません。何でもネガティブをポジティブに、不可能を可能に変える、そこが根性の見せどころで人生の醍醐《だいご》味《み》です。

手探りでも信念を持って真面目に、そして魂の声に忠実に歩み続ければ、人生そのものから、生きることの真意と素晴らしさを感じさせてもらえるはずです。たとえ今、苦労が続いても、心配することはありません。魂が望む幸せを間違わずに生きていれば、予想もしていなかった感動を与えられて、このために生きてるんだ、これが生きるってことなんだなと思える日が来るのです。

自分を愛し、他人を愛し、生命をこよなく愛せる、そんな日々が続けば、幸せな人生を歩んでいる証拠だと思います。

他の人に与えてもらえる幸せはご褒美です。「たとえご褒美がもらえなくても幸せ」な自分でいなければ、幸せが他人任せになってしまいます。**何もなくても幸せでいられるには、自分に嘘偽りなく生きること。これが魂の幸せです。**

どんなにつらい目にあっても、それを愛情で受け取り、愛情で返して、その愛情がいつか伝わることを願って生きましょう。幸せを選ぶか、みじめを選ぶかは、愛情を持つか、持たないかということでもあります。

「愛すること」を選ぶと、あなたのまわりにどんどんいいことが、いっぱい起こりますよ。

魂の世界の観点で物事をとらえるということについて

私はよく、「魂レベルで通じる人」とか、「魂レベルで考える」とかいう表現をしますが、馴れてない人にはピンとこないかもしれないので、ここで簡単に説明させていただきます。「魂レベルで通じる」というのは、説明しなくても何か通じるものがある、同じ観点で物事を観ていることを言います。

職種は違っても、人種が違っても、育った環境が違っても、何か通じるものを感じる人がいます。収入や社会的なステータスが違ったとしても、実生活では全く関係がなかったとしても、何か共感が持てるのは、魂レベルで通じるものがあるということです。これは、人生の捉え方や、人生に対する志が共有できるからだと思います。

魂の観点で物事を捉えると、私欲を捨てて人道的な活動をされている人と、人から搾取して成功している人を比べると、前者の人生のほうが尊いと感じられるでしょう。同じくらい敬意があるか、慈愛があるか、正義感があるか、真面目か、それで魂的に同じレベルかどうかが、わかると思います。魂的にズレている人とは、価値判断のしかたが違うので、同じ利益目的で共同作業をやっても、必ずトラブルが生じてくるものです。夫婦でも、人生通して共有できる志がないと、だんだん一緒にいる意味を感じなくなってしまいます。それが子供だったりするのですが、子供はいつか自立してしまいますから、そのあとも魂的に共有できる夢や目標があるべきなのです。魂は最終的には天に帰依したいのではないかと、私は感じます。

天国というのは極楽の境地とされていますが、幸せに包まれてプカプカ浮いているような、「ずーっとこのままでいたい！」という心境そのものが天国だと思うのです。死を迎えるときに、精一杯生きてよかった！　もうこの世には戻って来なくてもいいぞ！　と晴れ晴れとした気持ちになれた人が、天に戻ります。しかし、無念な気持ちだと天には帰れません。成仏できなかった霊と言われるのは、こういった魂です。

私は天のことを光の世界のように想像していて、純度の高い、幸せな魂は、透明だと思っています。完全な透明に澄みきった魂が、天の光の世界に存在できるのだと思います。完全に光と一体になれるからです。

私たちは生きている限り、たとえ今日無念な気持ちになっても、努力次第で翌日にでもそれを晴らすことができます。ところが、死んで身体を失ってしまうと、努力のしようもありませんし、そこで時が止まってしまいます。

例えば、悪夢でうなされて起きたときのことを考えてください。イヤな気分だからと、また寝直して夢の同じ場面に戻って、自分の都合に合わせて夢を見直すことはできません。たいがいは、イヤ〜な気持ちでその日のスタートを切って、一日を過ごすうちに、夢のことは忘れてしまったり、あのイヤな夢は何だったんだろうと思い出したりします。死に際の無念さとは、そのイヤ〜な思いから気分転換できないままでいるような状態のことです。

こんな気持ちは、思いきって人生をやり直して、幸せをつかんで、魂を洗浄して透明にするしかないと思うのです。というわけで、私たちは幸せになるために、この世に戻ってきていると考えます。魂の目的とは、この純度の高い幸せをつかむこと、透明度の高い魂になることです。その透明度が近いかどうかで、魂レベルで通じる、通じないが決まるのだと思います。

Message from Mayumi Harada

運命は強い意志には勝てません！

人生の試練は受けてたつ。

ネガティブをポジティブに変える。

不可能を可能にして人生を最大限に生きる。

そういうことを心にとめて

あなたの人生を生き抜いてください。

おわりに

この本は青春出版社の手島さんが私をみつけてくださったことで誕生しました。

ニューヨークで口コミだけで続けてきた私の仕事が、日本の雑誌に取り上げられたり、手島さんの目にとまったのも、私の能力を信じてセッションを受け、それをお友達に伝えてくださった、たくさんの方々の魂が結び付いた結果です。こうして魂の結び付きのある方に導かれて原稿を書くという、本当に素晴しい体験をさせていただきました。そしてオノ・ヨーコさんが「これはよいカルマだから」と快く推薦文を書いてくださいました。

サイキックやヒーラーの可能性や本来あるべき姿などが、曖昧にしか伝わっていないのが世の中の現状です。不吉なことばかり言う占い師やサイキックは信じないでください。

こうして純粋に魂の絆で結ばれた人々にご支援をいただけることを、心から感謝いたします。今の私があるのも、不可能を可能にする人生の素晴しさや、困難を乗り越える人の美しさを学ばせていただけたのも、皆さんのおかげです。魂の友として、究極の幸せを生きる同志として、今後ともどうぞよろしくお願い致します。皆さんの夢がすべて叶いますように！　心からお祈り致します。

原田真裕美

文庫化に際して

『自分のまわりにいいことがいっぱい起こる本』を2003年に出版してから、16年が経ちます。

この本を書くチャンスをいただいた頃は、「魂的に感じる」「魂レベルでつながっている」「魂が満たされる」という表現を、一般的な会話でする人はいなかったと思います。

歴史的に、魂を国や組織の繁栄に捧げるのが当たり前だった時代を経て今がありますから、自分の魂の声が聴けない世の中で、自分らしく、自由に生きることが、異端だと思われたり、自分の「魂」と共に「人権」まで献上させられてしまう状況は、現代にもまだあります。

この本がベストセラーになったおかげで、「私は魂的にはこんな風に感じるんです」という会話が普通にできるようになったり、「占い」を「魂のセッション」と認識してもらえるようになって、本当に嬉しいです。

今ではすっかりお馴染みになった、スピリチュアル系というジャンルの本も、この本が発売された当時はまだあまりなくて、発売当初は宗教や精神世界といったコーナーに置かれていたのが、ベストセラーになるにつれて、親しみやすい一般書として手に取ってもらえるようになりました。その後のスピリチュアルブームのきっかけのひとつになったのではないか、と思っています。

もちろん、他にもご活躍の方はいらっしゃいましたので、その当時の私自身も含めて、それだけ「魂」や「自分の尊厳」の存在に危機感を感じている人が多かった、ということなのだと思うのです。

安定を求めて組織に属しても、必ず報われるわけではない。組織に属さない人は見下され、見捨てられたり、組織に属していても、そこで力関係に悩まされる。年齢制限で可能性が限られてしまう。そういったことは、スピリチュアル的な本が流行してからも、変わっていません。その他にも、戦争や災害で人生を根こそぎ奪われてしまった人たちがいる。その日暮らしで将来が不安だらけの人たちがいる。自分を表現できないで、仮の姿で生きている人たちがいる。自分の尊厳を破壊された人たちがいる。これは誰にとっても他人事とは言えないのです。

魂という最も尊い自分の存在は、どんな最悪な状況からも自分を浮上させてくれて、魂が浄化されると、純粋な幸せを感じられます。私は、魂の浄化を優先して生きることにしたら、毎日発生する困難から活力をもらえるようになりました。

生きている限り、悩んだり、落ち込んだり、不安になる理由は尽きないのが自然なのです。それを全て新しいチャンスに転換する幸せを手に入れたら、怖いものはありません。

強い意思で運命に勝っていきましょう！

2019年11月11日

原田真裕美

青春文庫

自分《じぶん》のまわりにいいことがいっぱい起《お》こる本《ほん》

「幸運《こううん》」は偶然《ぐうぜん》ではありません！

2019年12月20日　第1刷

著　者　原田真裕美《はらだまゆみ》

発行者　小澤源太郎

責任編集　株式会社プライム涌光

発行所　株式会社青春出版社

〒162-0056　東京都新宿区若松町12-1
電話 03-3203-2850（編集部）
03-3207-1916（営業部）
振替番号　00190-7-98602

印刷／大日本印刷
製本／ナショナル製本

ISBN 978-4-413-09740-6